Petit manuel
(irrévérencieux)
d'économie

A Aurélien, à Floriane

Du même auteur

Economie et politique de concurrence
Dalloz, 2019 (2ⁿᵈ édition)

Précis d'économie
PUF, 2018 (15ᵉᵐᵉ édition)

La politique de concurrence
La Découverte, Repères, 2016

Du même éditeur

Mélanges en l'honneur de Frédéric Jenny
Nicolas Charbit (ed.), 2019

Grands arrêts du droit de la concurrence
Laurence Idot (ed.), 2019 (nouvelle édition)

Les pratiques restrictives
Erwann Kerguelen et al., 2019 (nouvelle édition)

Les enquêtes concurrence
Nathalie Jalabert, 2019

La réparation du dommage concurrentiel
Raphael Amaro, Jean-François Laborde, 2018

Les accords de report d'entrée
Walid Chaiehloudj, 2018

Google, la presse et les journalistes
Guillaume Sire, 2015

A quoi sert la concurrence ?
Martine Behar-Touchais, Nicolas Charbit et Rafael Amaro, 2014

Avant-propos

Sous une plume aiguisée, parfois piquante, Emmanuel Combe offre dans son *Petit manuel (irrévérencieux) d'économie* une lecture ludique et souvent pleine d'humour des principaux mécanismes économiques. A partir d'exemples concrets et, pour la plupart, très récents, l'auteur s'attaque en particulier à certaines idées reçues bien ancrées dans notre imaginaire malgré la démonstration scientifique de leur inexactitude ou de leur ambivalence : la contradiction supposée entre service public et concurrence ou l'idée que l'encadrement des prix favorise nécessairement le pouvoir d'achat, pour ne citer que celles-là. L'ouverture du marché des liaisons longue distance par autocar, la mise en concurrence du ferroviaire, la plus libre installation des notaires décidée par la loi « Macron » du 6 août 2015, l'arrivée des VTC sur le marché des transports routiers urbains ou le low-cost dans le transport aérien sont autant d'exemples auxquels Emmanuel Combe a recours pour revenir sur les mécanismes complexes de la croissance économique, de la formation des prix et du rôle de l'Etat dans le fonctionnement des marchés. Ce faisant l'auteur offre à ses lecteurs des clés de compréhension accessibles à tous et se livre à un exercice de pédagogie bienvenu en mettant au jour les rouages de nos économies contemporaines globalisées.

En particulier, Emmanuel Combe s'appuie sur les recherches approfondies qu'il a menées sur les cartels et le low-cost pour faire ressortir les fondements du principe de libre concurrence, ses avantages autant que ses inconvénients. La mise en œuvre du principe de libre concurrence, tant sur le marché national qu'au niveau international et globalisé, induit en effet un continuel renouvellement des acteurs et des produits. C'est la « destruction créatrice » visée par Joseph Schumpeter, cette capacité de certains acteurs, nouveaux ou pas, à faire naître de nouvelles conditions sur un marché donné au point de concurrencer les acteurs déjà existants qui vont devoir accepter de s'adapter ou disparaître. Cette lutte mène à l'établissement d'un nouvel équilibre, qui sera lui aussi, à terme, déstabilisé par l'essor de nouveaux acteurs, de nouvelles procédures ou de nouveaux produits.

Ces transitions d'un équilibre à l'autre ont toujours existé. Mais il y a, dans toute nouveauté, une part de disruption qui déstabilise les principes de l'ordre établi et peut faire germer l'inquiétude quant au futur, en particulier pour les personnes déjà installées – les *insiders* – directement affectées par l'innovation et l'arrivée de nouveaux entrants. Ce constat vaut en matière économique, comme dans tout domaine de la vie publique. En permettant l'entrée de nouveaux acteurs économiques remettant en cause les positions acquises par les acteurs existants, le principe de libre concurrence souffre de cette même suspicion et crise de légitimité. Il revient donc aux dirigeants publics, autant qu'aux économistes, d'expliquer les ressorts de ces transitions en mettant l'accent sur les gains de long terme pour tous et non pas seulement sur les pertes à court terme subies par certains.

En France plus qu'ailleurs, cet exercice pédagogique, réalisé avec finesse et clarté par Emmanuel Combe, est nécessaire. Car si les Français plébiscitent la concurrence comme consommateurs, ils la craignent comme salariés et doutent de sa pertinence en tant que citoyens. La liberté du marché est toujours une promesse en cours de devenir et c'est la force de l'ouvrage d'Emmanuel Combe que de mettre en évidence les perspectives ouvertes par la libre concurrence, tout en soulignant l'importance pour l'Etat de maintenir une régulation efficace. L'auteur souligne ainsi les effets parfois contre-intuitifs de certains comportements économiques comme le protectionnisme, la connivence entre l'Etat et certains acteurs ou la multiplication de règles souvent bureaucratiques pour « mieux partager la valeur ». Fondés sur un discours politique se voulant protecteur, ces comportements aboutissent en réalité à réduire le pouvoir d'achat des consommateurs en bridant l'offre et donc en augmentant les prix. La liberté du marché doit toutefois être accompagnée d'un cadre juridique clair et explicite, fixé par l'Etat, aux fins d'éviter que certains acteurs ne bénéficient d'avantages indus obtenus par le contournement des règles fiscales, du droit du travail ou de celui de la consommation.

Il y a dans ce « petit » manuel d'économie, un travail d'explication et de démonstration indispensable visant à faire mieux comprendre les ressorts du fonctionnement de l'économie et les conséquences de la libre concurrence, notamment pour le pouvoir d'achat des consommateurs et l'emploi mais aussi pour une vraie redistribution des chances au profit de la jeunesse. C'est par un tel discours de vérité, qui peut parfois paraître insolent de simplicité, qu'Emmanuel Combe entend faire progresser la connaissance de l'économie au sein d'un public le plus large possible. « L'irrévérence est parallèle à l'esprit de critique » nous disait Gustave Flaubert. Ce n'est pas Emmanuel Combe qui le contredira.

Bruno Lasserre

Vice-président du Conseil d'Etat
Ancien président de l'Autorité de la concurrence

Préface

Emmanuel Combe est né quelques jours avant mai 1968. C'est probablement du fait de ce rendez-vous avec l'histoire qu'il est devenu l'un des économistes qui avec le plus de constance contribue à la pensée sur les nouveaux modèles économiques, la disruption, les réformes à mener.

Ses idées en la matière, condensées dans les brèves et percutantes chroniques rassemblées dans cet ouvrage suivent un fil conducteur qui peut se résumer simplement.

Il s'agit de parler d'économie, mais de manière concrète, illustrée par l'exemple ce qui crédibilise le propos. La théorie est appliquée à des situations récentes qui parlent de nous, qui parlent à tous. Le low cost dans l'aérien, la grève à la SNCF contre l'ouverture à la concurrence, la théorie des jeux sur le marché du pétrole… Et toujours le propos est positif, tout à l'opposé des déclinistes qui s'abritent derrière la théorie économique pour anticiper le déclassement de notre cher et vieux pays. Cette illustration par l'exemple n'interdit pas à l'auteur de jouer avec les concepts : concurrence et monopole bien sûr, mais aussi formation des prix, place de l'Etat dans le monde moderne, démocratie et croissance économique, productivité…

Cet ouvrage démonte brillamment les idées simplistes de l'époque et elles sont nombreuses et leurs promoteurs talentueux. Emmanuel Combe nous explique ainsi en quelques lignes ciselées pourquoi le protectionnisme se retourne contre ceux qui le mettent en place, pourquoi la dévaluation de la monnaie est un mirage, pourquoi la concurrence n'est pas, bien au contraire l'ennemi du service public. Il invite à bien faire la différence entre service public, monopole public et capital public. Le Vice-Président de l'Autorité de la concurrence nous explique comment la politique antitrust des Bruxelles favorise les consommateurs et le développement, pourquoi il est possible d'avoir un regard bienveillant sur la robotisation, comment les nouveaux entrants poussent les acteurs installés à se réinventer…

Et surtout, au grès de ses réflexions, Emmanuel Combe propose des pistes, donne des recettes pour réformer le pays, pour faire évoluer les missions de l'Etat et les modalités de l'intervention publique, pour évaluer le « rapport coût / bénéfice » des mesures envisagées. Il se fait autant l'avocat du « low cost » que d'une montée en gamme de notre production. L'auteur n'est pas un ultra libéral. Il considère que l'économie crée du bien-être, que les régulations autoritaires ont beaucoup d'effets pervers, il est réservé quant aux politiques malthusianistes, mais néanmoins il recommande un Etat puissant qui ne soit pas omniprésent.

En cela il rencontre la volonté réformatrice actuelle qui pousse les réformes structurelles, n'hésite pas à favoriser les innovations de rupture et qui « porte la voix des outsiders » en remettant en cause des situations acquises. Cette démarche c'est souvent celle que nous avons mise en œuvre dans nos projets. Dans les télécommunications avec Free qui démontre que concurrence, prix bas et investissements ne sont pas des ennemis et dans un autre genre avec l'Ecole 42, qui grâce à un enseignement différent, en rupture, permet à des outsiders de devenir une nouvelle élite. Ou encore avec les centaines de startups que nous soutenons qui le plus souvent s'inspirent sans le savoir des chroniques d'Emmanuel Combe !

Le « Petit manuel (irrévérencieux) d'économie » porte donc bien son nom. Son approche de l'économie est modeste, rafraîchissante mais concrète et brillante. Un livre pour tous les publics, qui aide à comprendre l'essentiel et qui fait du bien.

Xavier Niel

Fondateur et vice-président du groupe Iliad

Table des matières

6. Remettre l'Etat à sa vraie place : Protéger, libérer, réguler — 123

7. L'industrie d'hier est morte ? Vive l'industrie de demain ! — 147

Introduction

Et si l'on faisait un peu moins de politique et… un peu plus d'économie ?

« *It's the economy stupid* » : cette célèbre phrase de James Carville, conseiller de Bill Clinton qui remporta l'élection présidentielle de 1992 en misant tout sur les questions économiques, vient nous rappeler que si l'économie n'est pas l'horizon indépassable d'une société, elle n'en constitue pas moins le socle indispensable : difficile d'imaginer en effet un épanouissement personnel et collectif sans un minimum de richesse matérielle. L'économie ne fait certes pas rêver les foules mais elle a au moins le mérite de remplir les frigos.

Pourtant, force est de constater qu'en France, nos décideurs politiques sont longtemps restés hermétiques aux sujets économiques, préférant les grands débats sociétaux du moment. A leur décharge, il faut reconnaître qu'ils ont été surtout formés, sur les bancs des écoles du pouvoir, à la technique budgétaire et fiscale et n'ont pas reçu à proprement parler de *culture économique* (p. 17) : l'économie relève pour eux avant tout de l'intendance, de la gestion courante.

Cette faible appétence pour l'économie se retrouve dans la place marginale qu'occupe en France l'expertise économique, comparativement aux pays anglo-saxons, qui ont développé une vraie culture de l'évaluation des politiques publiques. Plus encore, dans les débats économiques, les think tank indépendants n'occupent pas dans notre pays, aux côtés des agences gouvernementales et des rapports officiels, la place d'éclaireurs et de défricheurs qu'ils devraient avoir ; pourtant, pour agir avec discernement, il faut des *idées d'abord, des réformes ensuite* (p. 19).

Le manque de culture économique conduit souvent nos décideurs politiques à aborder ces questions sous un angle étroit, pour ne pas dire anecdotique. Ainsi en est-il du débat fondamental et récurrent sur *le pouvoir d'achat* (p. 21) : il est souvent présenté sous l'angle des hausses de salaire ou des baisses de cotisations salariales, alors même que le pouvoir d'achat renvoie aussi à la question du niveau général des prix. De même, sur les questions de concurrence, il est temps d'en finir avec les idées reçues : il est souvent affirmé que *concurrence ferroviaire et service public* (p. 23) seraient incompatibles, alors qu'en réalité l'un n'exclut pas l'autre, comme le montre l'exemple du ferroviaire.

Au-delà de nos décideurs politiques, c'est en réalité la majorité des Français qui n'a pas reçu à l'école les rudiments d'une véritable culture économique. Pour s'en convaincre, il suffit de regarder ce qui s'est passé dans l'enseignement obligatoire des Sciences Economiques et Sociales (SES) en classe de seconde : la rue de Grenelle a décidé en 2016 de rendre facultatif l'étude … des « marchés et prix ». Décision absurde s'il en est : effacer l'étude du marché, c'est un peu comme supprimer l'anatomie dans un cours de médecine. *Le marché n'est ni de droite, ni de gauche* (p. 25) : c'est juste un outil essentiel pour comprendre le fonctionnement de nos économies.

En matière de débats économiques, l'élection présidentielle de 2017 a marqué une inflexion salutaire, le candidat Emmanuel Macron assumant le primat de l'économie et des réformes économiques, qui conditionnent les autres réformes. Il faut *donner du sens aux réformes économiques* (p. 27), qui aille au-delà d'un simple débat technique et comptable. Il faut ensuite adopter une méthode de la réforme et des principes : *dire ce que l'on fait et faire ce que l'on dit* (p. 29). Il faut enfin rompre avec une forme de langue de bois, en vigueur tant à gauche qu'à droite, qui refuse de regarder la réalité économique en face et d'assumer la responsabilité de nos propres échecs, préférant invoquer les bouc-émissaires de la mondialisation, des marchés financiers ou de « l'ultralibéralisme ». Nommer les réalités telles qu'elles sont, c'est souvent en France se rendre coupable d'un *délit de vérité… économique* (p. 31). Oui, notre dépense publique pléthorique est inefficace, au regard des faibles résultats obtenus depuis 30 ans en matière de croissance et d'emploi. Oui, ce sont bien les entreprises privées qui créent une grande partie de notre richesse. Non, nous n'avons pas tout fait depuis les années 1980 pour lutter contre le chômage de masse, notamment chez les jeunes.

Et la culture économique alors ?

Entre 1975 et 2012, la France a vu son PIB par habitant progresser moins vite que la moyenne des pays de l'OCDE. Si cette piètre performance s'explique d'abord par des facteurs tels que le ralentissement de la productivité ou le faible taux d'activité, la culture économique de nos décideurs politiques a sans doute joué un rôle.

Constatons d'emblée qu'à l'exception de Raymond Barre et Dominique Strauss-Kahn, nos dirigeants sont rarement des experts de l'économie. L'enseignement qu'ils ont reçu a consisté pour l'essentiel à apprendre à « piloter » la conjoncture, en maniant avec dextérité l'arme budgétaire et fiscale : la « macroéconomie keynésienne » a été pendant longtemps la doctrine indépassable sur les bancs des écoles du pouvoir. Cette approche a fait sens durant les Trente Glorieuses : les rails de la croissance étaient tout tracés puisqu'il s'agissait de rattraper la productivité américaine et d'imiter des technologies existantes. Le pilotage conjoncturel consistait alors à ajuster la dépense publique au cycle d'activité. Si les Trente Glorieuses sont depuis longtemps révolues, les réflexes de nos décideurs politiques en matière économique n'ont pourtant pas vraiment changé.

Premier réflexe : agir en économie, c'est avoir en permanence la main sur la manette des commandes, en particulier pour dégainer l'arme budgétaire. Tout problème trouve sa solution dans une nouvelle dépense ou un nouvel impôt. Mais cet activisme conjoncturel, qui conduit à des dépenses publiques représentant 57,5 % du PIB en 2016, a eu pour corollaire l'immobilisme sur le front des réformes structurelles : ainsi, les milliards d'euros déversés depuis 30 ans dans le traitement social du chômage ou l'éducation prioritaire ont permis d'éviter jusqu'ici la remise à plat de notre Code du travail ou toute réforme ambitieuse de notre système éducatif. Plus grave, ce biais conjoncturel des politiques économiques a conduit souvent à des changements de cap, au gré des événements et revendications du moment, alors que la croissance se nourrit d'abord de stabilité et de visibilité. En économie, l'activisme tue l'action.

Second réflexe : l'Etat décide et l'intendance – c'est-à-dire les millions d'acteurs de l'économie – suit. Mais c'est oublier que les entreprises, travailleurs et consommateurs ne sont pas des pions mais des êtres rationnels qui réagissent aux mesures gouvernementales en adaptant leur comportement… au risque d'aboutir parfois à l'effet inverse de celui recherché ! La microéconomie, discipline peu connue de nos décideurs politiques, nous apprend qu'il ne faut jamais sous-estimer l'ampleur et la complexité des effets cachés, pervers ou d'aubaine, lorsqu'une nouvelle mesure est prise. Notre politique du logement en est l'illustration : en gérant depuis trente ans la pénurie par la contrainte et les niches fiscales, on n'a fait que l'entretenir, en décourageant les investisseurs de construire des logements dans les zones tendues. En économie, l'action publique peut tuer les incitations privées.

Si nous voulons que la France se réforme vraiment, il est sans doute souhaitable que nos élites politiques fassent d'abord la révolution… dans leur culture économique.

Des idées d'abord, des réformes ensuite

L'Université de Pennsylvanie a sorti en 2016 un classement mondial des meilleurs think tanks. A première vue, nous n'avons pas à rougir de nos performances : la France occupe le sixième rang mondial par le nombre de « boîtes à idées » – pas moins de 80 – avec de belles réussites comme l'IFRI dans le domaine des relations internationales. Mais à y regarder de plus près, les think tanks occupent une place assez marginale dans notre pays : sur les 175 think tanks les plus influents dans le monde, 4 seulement sont français, contre 15 au Royaume-Uni, 12 en Allemagne, sans même parler des Etats-Unis (21). Sur les thématiques d'économie, d'éducation, de santé, de développement ou d'environnement, aucun think tank français - à l'exception du CEPII - n'est référencé parmi les 100 premiers mondiaux. La majorité de nos laboratoires d'idées dispose d'ailleurs d'un budget 10 à 20 fois inférieur à celui des grandes fondations allemandes ou américaines.

Cette faible visibilité s'explique d'abord par la place importante qu'occupe traditionnellement l'Etat dans la production des idées : ne sommes-nous pas en effet les champions du monde des rapports publics ? Mais ces rapports, commandés dans l'urgence du moment, ont souvent une visée tactique : dégonfler une crise, quand ce n'est pas enterrer un sujet, plutôt que porter une vision. Plus encore, ils donnent souvent lieu à une synthèse de différents points de vue, quand ils ne se contentent pas de retranscrire les intérêts particuliers des acteurs en place : ils débouchent alors sur des recommandations en demi-teinte ou sur un catalogue à la Prévert de mesures techniques. Les solutions incrémentales, consistant à bricoler l'existant, l'emportent presque toujours sur les solutions disruptives.

Cette faible visibilité des think tanks vient aussi du fait que le débat public reste encore focalisé en France sur la figure de l'intellectuel, habilité à s'exprimer sur tous les sujets de société. Les think tanks sont au contraire des collectifs d'experts, qui tirent leur légitimité de leur seule compétence académique : ainsi, en Allemagne, Transparency International s'est imposé en l'espace de vingt ans comme la référence incontournable sur la corruption dans le monde, sans que l'on puisse pour autant l'assimiler à une personnalité en particulier.

Les think tanks pourraient pourtant jouer un rôle plus important en France dans la construction d'une nouvelle offre politique, en mettant à l'agenda de nouveaux sujets et manières de penser. Ils sont en effet de puissants vecteurs de diffusion des idées en provenance du monde académique : ce rôle d'intermédiaire serait précieux dans un pays où élites politiques et chercheurs se côtoient assez peu. Ils permettraient aussi de donner un sens aux réformes, en les insérant dans un cadre de pensée globale : ainsi, la Big Society de David Cameron, avant d'être un programme électoral, a d'abord été une nouvelle conception de la place de l'individu et de l'Etat dans la société britannique. Une vision qui s'est façonnée dans des laboratoires d'idées proches des conservateurs, tels que le Centre for social justice ou ResPublica.

Ne nous y trompons pas : nos décideurs politiques, de gauche comme de droite, ne convaincront demain nos concitoyens de leur détermination à réformer notre pays, que s'ils portent d'abord un projet de société ; une volonté réformatrice n'est pas une addition de mesures mais la déclinaison, thème par thème, d'une vision. Les idées précèdent toujours les réformes !

Le Graal du pouvoir d'achat

En janvier 2017, est entrée en vigueur une réforme fiscale, consistant à diminuer les cotisations sociales payées par les salariés et à augmenter la CSG. Cette réforme s'est traduite par une hausse du salaire net pour la majorité des salariés et une diminution des revenus pour une grande partie des retraités, affectés par l'augmentation de la CSG. Alors que la majorité insiste sur le gain de salaire qui résultera de l'allégement des cotisations sociales, le patron des Républicains riposte en invoquant les effets négatifs de la hausse de la CSG sur le pouvoir d'achat du « couple de retraité à 2000 euros ». Autant dire que les débats politiques risquent de passer à côté des vrais sujets.

Le « pouvoir d'achat » est une notion économique qui, sous son apparente simplicité, réserve quelques surprises. Rappelons d'emblée que le pouvoir d'achat désigne non pas ce que l'on gagne – la « fiche de paie » – mais ce que l'on peut acheter avec ce que l'on gagne : il dépend donc du niveau général des prix. Dit en d'autres termes, si votre salaire augmente de 1 % mais que le prix des produits augmente de 2 %, alors votre pouvoir d'achat a en réalité… baissé. A l'inverse, si votre salaire ne bouge pas mais si les prix baissent, alors votre pouvoir d'achat a augmenté. Il est donc inexact d'assimiler hausse des salaires à hausse du pouvoir d'achat ; il est également réducteur de se focaliser sur les seules rémunérations nominales et de délaisser la question du niveau général des prix.

Lorsque nos décideurs s'emparent du sujet des prix au nom de la défense du pouvoir d'achat, c'est bien souvent pour proposer de… les bloquer : Ségolène Royal suggérait déjà en 2011 de geler le prix des carburants et de 50 produits de base pour 6 mois ; en 2017, Marine Le Pen dans son programme présidentiel voulait « encadrer » le prix de certains produits alimentaires comme le pain. Mais bloquer les prix est une mesure artificielle, qui ne résout rien : elle consiste simplement à figer le thermomètre pendant un certain temps, sans s'attaquer aux causes réelles qui alimentent l'inflation.

Si nos décideurs politiques entendent s'attaquer à la question du pouvoir d'achat au travers du levier des prix, au moins deux pistes s'ouvrent à eux. Tout d'abord, résister encore et toujours aux sirènes du protectionnisme, qui fait monter les prix et pénalise les plus pauvres. Sait-on par exemple que l'ouverture de la France aux biens de consommation en provenance des pays émergents permet un gain de pouvoir d'achat de 100 à 300 euros par ménage et par mois, selon une étude du Cepii ?

Ensuite, mener des réformes pro-concurrentielles, qui favorisent l'entrée de nouveaux acteurs sur le marché. Sait-on que l'arrivée de Free sur le marché du mobile en 2012 a conduit, selon une estimation d'UFC-Que choisir, à un gain de pouvoir d'achat de l'ordre de 6,8 milliards d'euros sur la seule période 2012/2013 ? En réalité, personne n'en a vraiment conscience : pour le consommateur, une baisse de dépense, grâce à des prix plus bas, est toujours moins visible et parlante qu'une hausse de salaire sur sa fiche de paie. Bref, baisser les prix par la concurrence et le commerce international n'est pas toujours très vendeur politiquement. Mais c'est toujours très efficace et durable.

Concurrence ferroviaire et service public : En finir avec quelques idées reçues

La France a connu en mai et juin 2018 un mouvement de grèves pour protester contre l'ouverture du transport ferroviaire à la concurrence. A cette occasion, il a été affirmé que concurrence et service public seraient incompatibles. En réalité, l'une n'exclut pas l'autre. Dans le cas de lignes conventionnées, comme le Transilien, la concurrence pour le marché reste toujours possible, en amont de la prestation : la collectivité locale peut lancer un appel d'offres, assorti d'obligations de service public, pour sélectionner l'opérateur le plus efficace. Dans le cas de lignes commerciales, rien ne s'oppose à une concurrence sur le marché : différentes compagnies peuvent en effet opérer des TGV, sur les mêmes voies, dès lors qu'un minimum de coordination est assuré. Le premier gain à attendre sera une baisse des prix : en Italie, l'entrée en 2012 d'un nouvel acteur sur la grande vitesse a conduit l'opérateur historique à diminuer ses prix de 30 % sur certaines lignes.

On nous objectera que cette baisse de prix se fera au détriment de la qualité de service. Constatons d'emblée que notre pays, qui dispose d'un monopole ferroviaire, ne fait pas figure de modèle en la matière : à titre d'exemple, le taux de retard moyen atteint en 2017 18 % sur les TGV et même 25 % lors de la pointe du vendredi après-midi. De plus, les pays qui ont ouvert le train à la concurrence n'ont pas vu la qualité se dégrader. En Italie, le nouvel opérateur sur la grande vitesse a même développé de nouveaux services, conduisant la compagnie historique à l'imiter.

Une des vertus de la concurrence est d'inciter à mieux écouter les clients, au risque sinon qu'ils aillent voir ailleurs : la concurrence est bien souvent l'alliée du service… du public. Sur la question de l'accidentalité, on ne cesse d'entendre – exemple anglais à l'appui – que la concurrence se paierait au prix de la sécurité. Cette affirmation est fausse : en Europe, si l'on en croit l'Arafer, le Royaume-Uni figure sur la seconde place du podium, loin devant la France (10e), avec un faible taux d'accidentalité, mesuré par le nombre de personnes tuées ou gravement blessées par millions de trains-kilomètre.

Autre idée reçue : la concurrence se ferait au détriment de l'opérateur historique, puisque des concurrents vont lui prendre des parts de marché. Le raisonnement est arithmétiquement juste mais économiquement incomplet : il ne faut pas se focaliser sur les seules parts de marché mais tenir compte aussi de la taille du marché. L'une des vertus de la concurrence est justement d'augmenter les volumes, suite à la baisse des prix. C'est ce qui a été observé dans des pays ayant libéralisé le train comme l'Allemagne ou l'Italie : dans ce dernier cas, l'entrée d'un nouvel acteur sur la grande vitesse a conduit à une hausse du trafic de 49 % en 3 ans, qui a profité en partie à… l'opérateur historique.

Bref, à l'heure où un débat décisif pour l'avenir de notre système ferroviaire s'ouvre, il serait utile de sortir des postures et de la rhétorique, pour traiter enfin des vraies questions concurrentielles. Et notamment de celle des conditions d'accès demain des nouveaux entrants aux infrastructures ferroviaires, dont les gares.

Enseignement de l'économie au lycée : Le marché n'est ni de gauche ni de droite

A la faveur d'un arrêté publié à l'aube de l'été 2017, le Ministère de l'Education nationale a décidé d'alléger le programme de Sciences économiques et sociales (SES) en classe de seconde, au motif qu'il était trop lourd, et en supprimant notamment l'obligation d'enseigner le chapitre sur « marchés et prix ». Rappelons que l'initiation aux SES a été rendue obligatoire à la faveur de la réforme Chatel de 2010. Une réforme ambitieuse, à laquelle l'auteur de ces lignes a participé et qui permet, chaque année, à plus de 500 000 élèves de découvrir, outre la sociologie, les rouages de l'économie. Une réforme salutaire, qui vise à donner aux jeunes des outils pour mieux comprendre le monde dans lequel ils vont vivre et travailler demain, qu'ils deviennent ingénieurs, commerciaux ou artistes.

Le problème est que les experts de la rue de Grenelle ont décidé de rendre facultatif le chapitre sur… « marchés et prix ». Effacer l'étude du marché en économie, c'est un peu comme supprimer l'anatomie en médecine. Le marché, lieu – physique ou virtuel — où se rencontrent une offre et une demande, est au fondement même de toute analyse économique. Il n'est ni libéral, ni de gauche, ni de droite.

D'ailleurs, les marchés existent dans tous les pays, fussent-ils à économie planifiée. Ainsi, dans l'ex Union soviétique, il y avait des marchés, qui s'ajustaient non par les prix mais… par les quantités, c'est-à-dire par la pénurie et la file d'attente : quand la demande est supérieure à l'offre et que les prix sont fixés, les clients font la queue dans les magasins pour obtenir une ration de pain. Il existait également en Union soviétique des marchés parallèles, sur lesquels les prix libres signalaient l'évidente pénurie de certains produits de base. Dans un pays comme les Etats-Unis, l'ajustement entre l'offre et la demande se fait plutôt par les mouvements de prix, à la hausse ou à la baisse, parfois amplifiés par la spéculation. Les marchés sont donc partout, qu'on le veuille ou non.

Plus encore, les marchés prennent de multiples formes, parfois inattendues : il y a bien entendu les marchés de produits (y compris des produits illicites comme la drogue), le marché du travail, le marché des capitaux. Mais il existe aussi d'autres marchés, comme le marché… politique : des offreurs – les candidats — y proposent des programmes aux demandeurs – les citoyens qui votent — et tentent de se différencier entre eux pour éviter une concurrence des idées trop frontale. Le marché est donc un outil d'analyse puissant, qui permet de jeter un regard neuf sur nombre de sujets.

Etudier le marché, ce n'est pas le glorifier mais en comprendre la mécanique interne, pour en souligner éventuellement les limites ou dysfonctionnements. Ainsi, le marché est parfois un lieu de pouvoir, ce qui peut justifier l'intervention correctrice de l'Etat. Mais on ne peut vraiment comprendre la lutte contre les abus de marché, sans avoir au préalable disséqué et compris leur fonctionnement concret. Etudier la régulation sans les marchés, c'est mettre la charrue sans les bœufs.

La décision de la rue de Grenelle est donc surprenante. On se demande d'ailleurs si elle relève du pur dogmatisme – le marché étant assimilé à tort à une idéologie libérale, de droite ou pro-entreprise – ou de l'ignorance intellectuelle. Quoi qu'il en soit, c'est une mauvaise nouvelle. Et un mauvais service rendu à la jeunesse de notre pays.

Donner du sens aux réformes économiques

Au-delà de son équation personnelle, Emmanuel Macron a été élu sur une promesse de réformes économiques. Les beaux esprits s'en offusqueront et diront que l'on ne forge pas une société avec un «nouveau modèle de croissance» – pour reprendre les termes mêmes de son programme- mais avec des valeurs, des rêves et une fierté communes.

Si l'économie n'est pas l'horizon indépassable de toute société, elle n'en constitue pas moins son socle : difficile pour un individu de jouir pleinement de sa liberté, lorsque sa préoccupation première est de trouver un job. L'économie ne fait pas rêver les foules mais elle a au moins le mérite de remplir les frigos. Pour ceux qui en douteraient, le drame vénézuélien nous le rappelle chaque jour de manière caricaturale : les discours révolutionnaires d'un Chavez ou d'un Maduro ont seulement réussi à ruiner un pays pourtant riche en ressources naturelles, au point de vider tous les rayons des magasins. A force de mépriser la réalité économique, on finit à la fin par en payer le prix fort.

Certes, la situation économique de la France n'est en rien comparable à celle du Venezuela. Pour autant, force est de constater que depuis trente ans, les questions économiques ont trop souvent été reléguées au second plan, sacrifiées sur l'autel non de la révolution mais du… conservatisme. Nos décideurs – de gauche comme de droite — n'ont eu de cesse de différer les réformes structurelles pour maintenir sous perfusion notre « modèle social ». Un modèle qui n'a jamais permis de faire baisser le chômage en dessous de 7,5 %, pendant que l'Allemagne et les pays nordiques affichaient des performances autrement plus convaincantes. A défaut d'une refonte de notre marché du travail, nous nous sommes contentés de rustines, à l'image des « contrats aidés ».

A vrai dire, si les questions économiques n'ont jamais été au cœur des priorités de nos décideurs politiques, c'est sans doute parce que leur appétence pour ces sujets reste assez limitée : l'économie relève bien souvent à leurs yeux de l'intendance ; parler de pouvoir d'achat sera toujours moins chic que de disserter sur le « vivre ensemble ». De ce point de vue, l'élection d'Emmanuel Macron pourrait marquer une vraie rupture, en remettant les questions économiques au centre du débat politique.

Faut-il pour autant taxer un tel projet d'« économisme » et y voir une forme de minimalisme politique ? Rien n'est moins sûr. Par exemple, mettre l'accent sur la formation des non qualifiés ne vise pas seulement à remédier au déficit de productivité dont souffre notre pays ; c'est aussi donner à chaque individu l'espoir d'une insertion durable et autonome dans la société, par le biais de son travail.

De même, le projet d'un système universel de retraite n'a pas pour seul but de réaliser des économies de coût : il permet aussi de faire vivre concrètement le principe d'égalité, puisque chaque euro versé en cotisation ouvrira droit aux mêmes droits, quelle que soit la situation de la personne. On pourrait en dire tout autant de la création d'un « filet de sécurité » pour tous, en matière d'indemnisation du chômage. Bref, les réformes économiques ne relèvent pas toujours de la technique ; elles peuvent être aussi porteuses de sens et de valeurs communes fortes. Faire des réformes économiques, c'est en réalité faire la révolution… du quotidien

Réformes économiques :
Dire ce que l'on fait, faire ce que l'on dit

En août 2015, a été adoptée la loi pour la croissance et l'activité dite « loi Macron » qui prévoit plusieurs réformes pro-concurrentielles, dont l'accès plus large des jeunes diplômés notaires à l'exercice libéral de leur profession, régie jusqu'ici par une forme de « numerus clausus ».

Il est de bon ton de souligner le caractère « fourre tout » et parfois timoré de cette loi. Mais c'est oublier que ce texte marque aussi une rupture sur la réforme des notaires. Une réforme qui dormait dans un tiroir depuis… 55 ans : *« Il est aisé de constater qu'en fait certaines législations ou réglementations économiques ont pour effet, sinon pour but, de protéger indûment des intérêts corporatifs qui peuvent être contraires à l'intérêt général et, notamment, aux impératifs de l'expansion ».* Voilà ce que constatait le rapport Armand-Rueff, commandé par de Gaulle en 1959. La loi Macron est donc en passe de réussir une réforme que les gouvernements se sont refusés à faire jusqu'ici. Quels enseignements peut-on en tirer ?

Premier enseignement : pour bien réformer, il faut se fixer un cap et s'y tenir. L'objectif principal d'une réforme doit être clairement identifié à l'avance : en la matière, le ministre de l'Economie s'est mis dans les pas de Jacques Rueff, en mobilisant l'argument de la liberté d'installation des jeunes notaires. Avoir un objectif clair évite de louvoyer, au gré des pressions et influences ; cela oblige aussi les détracteurs à caler leur argumentaire sur votre ligne, au risque d'être inaudibles. Il faut aussi jouer franc jeu, en affichant publiquement et dès le départ son but : dire ce que l'on veut faire et faire ce que l'on dit permet de gagner en crédibilité. On est ici à l'opposé des réformes par surprise ou en catimini.

Second enseignement : pour bien réformer, il faut un angle d'attaque porteur. Si la réforme des professions juridiques avait été placée sous le signe du pouvoir d'achat, ses détracteurs auraient eu beau jeu d'invoquer une idéologie consumériste, en opposant l'intérêt des clients à celui des producteurs, les prix bas à la sécurité juridique. C'est d'ailleurs ce qui s'est passé dans la pharmacie, avec la réforme avortée de la libéralisation de la vente de certains médicaments : invoquer des gains de pouvoir d'achat n'a pas été suffisant pour emporter la conviction. En choisissant un angle plus sociétal dans le cas du notariat – la liberté d'installation c'est-à-dire le droit de tenter sa chance – la « loi pour la croissance et l'activité » a échappé à un débat trop clivant économiquement.

Troisième enseignement : pour bien réformer, il faut du courage et de l'indépendance de jugement. Combien de volontés réformatrices ont échoué en France, à force de confusions entre dialogue et compromission. Réformer ne consiste pas seulement à écouter le point de vue des insiders, toujours prêts à quelques évolutions pour préserver l'essentiel ; réformer, c'est aussi porter la voix des outsiders, de ceux qui n'existent pas encore mais à qui le changement profitera. Trop souvent, les réformes n'ont pas su tenir la ligne de démarcation entre l'écoute attentive des professionnels installés et la chambre d'enregistrement de leurs doléances. Réformer, c'est toujours assumer des choix et des clivages : la réforme dans le consensus, cela n'existe pas. La loi Macron n'est peut-être pas « la loi du siècle » mais elle nous envoie un signal d'optimisme pour l'avenir : il est possible de mener de vraies réformes en France. A trois conditions : avoir un cap, une méthode et des convictions.

En finir avec le délit de vérité…
économique

« Dire la vérité est utile à celui à qui on la dit, mais désavantageux à ceux qui la disent, parce qu'ils se font haïr. » Cette pensée de Pascal pourrait bien s'appliquer à notre ministre de l'Economie, Emmanuel Macron, qui a osé dire à ses camarades socialistes quelques vérités d'évidence, en pointant du doigt la responsabilité collective de nos gouvernants – de gauche comme de droite – dans le déclin économique de notre pays. Pourtant, aux yeux d'un économiste, le discours du ministre n'a rien de révolutionnaire : il met des mots sur ce que les chiffres nous montrent tous les jours. Morceaux choisis.

Depuis 40 ans, nos décideurs politiques ont abusé de la dépense budgétaire, qui atteint 57 % du PIB. Non comme une médecine d'accompagnement des réformes structurelles mais comme un substitut à toute thérapie. L'endettement a été notre morphine, les effets secondaires indésirables ayant été reportés sur les générations futures. Il faut être aveugle ou de mauvaise foi pour considérer que cette politique a été efficace : avec une dépense publique supérieure à la moyenne de l'OCDE, nous avons fait pourtant moins bien que nos partenaires en termes de croissance, de recul de la pauvreté ou de chômage depuis les années quatre-vingt.

Si l'on en doute encore, il suffit de lire une statistique de l'Insee : les entreprises représentent en France près de 65 % de la valeur ajoutée et constituent donc la première source de création de richesse, sans laquelle l'Etat ne peut pas grand-chose. Le rôle de l'Etat n'est donc pas de les brider à outrance, ou pire, de décider à leur place mais d'encadrer leur activité par des règles du jeu claires et simples, de les inciter à investir et embaucher, de les rendre plus compétitives, pour qu'elles partent à la conquête du vaste monde, ou de les sanctionner lorsqu'elles franchissent les lignes rouges. Bref, l'Etat moderne doit moins être un acteur de l'économie qu'un régulateur et un incitateur.

Enfermés dans une conception malthusienne, nous avons considéré que la seule manière de créer de l'emploi était de partager la rareté, en divisant le travail. Alors que notre ambition devrait être au contraire d'accroître la taille du gâteau, c'est-à-dire de travailler collectivement plus, en redonnant des opportunités à ceux qui n'en ont pas. Nous avons aussi trop longtemps assimilé justice sociale et gestion des inégalités en aval, sans vraiment nous attaquer en amont aux causes profondes. La première des inégalités en France, c'est l'accès à l'emploi des jeunes dont le taux de chômage tutoie les 25 % en 2016.

Au fond, l'outrage du Ministre de l'Economie est d'avoir dit à ses camarades ce qu'ils savent depuis fort longtemps mais ne veulent s'avouer à eux-mêmes : le monde économique a radicalement changé et nos vieilles recettes interventionnistes et malthusiennes ont vécu. Mais dire le réel, c'est faire voler en éclats totems et tabous ; c'est obliger à clarifier la ligne doctrinale, à se réinventer de fond en comble. A sortir du déni de réalité, en commettant… un délit de vérité.

Chapitre 1

« Y a plus de prix » : Mieux comprendre la mécanique des marchés

Les marchés, lieux où se rencontrent l'offre et la demande d'un produit, ne sont pas une institution naturelle, tombée du ciel : ils émergent lorsque les besoins des agents économiques le nécessitent –parfois même de manière illicite comme le marché de la drogue- et se façonnent au cours du temps, en suivant un processus d'apprentissage, fait d'essais et d'erreurs. Ainsi, la France a vu, à la faveur de la loi Macron d'août 2015, *la naissance d'un nouveau marché (p. 37)*, celui du transport par autocar longue distance : les entreprises ont appris à connaître leurs clients, à fixer le « bon » prix et à développer un modèle économique qui puisse devenir soutenable. Le marché est un organisme vivant, qui apprend, grandit et s'adapte au cours du temps.

Sur un marché, la confrontation de l'offre et de la demande se traduit toujours par la fixation d'un prix. Une chose est sûre : il n'est pas possible qu'un prix soit durablement égal à zéro, dès lors qu'une entreprise supporte des coûts de production. *La gratuité n'existe pas en économie (p. 39)* : c'est juste une manière de faire payer autrement, de faire payer quelqu'un d'autre ou de faire payer demain. La gratuité est donc une illusion, qui incite de surcroît à surconsommer ou à surproduire, puisqu'il n'y a jamais la sanction apparente du prix.

Ainsi, pour mieux lutter contre la pollution, il serait efficace de lui donner un prix, en faisant payer … les pollueurs. Ce système existe déjà avec les « écotaxes » mais encore faudrait-il que le niveau de la taxe –qui n'est rien d'autre qu'un prix- soit suffisamment élevé et dissuasif pour inciter les pollueurs à changer leurs comportements dans un sens plus vertueux. *Pour lutter efficacement contre la pollution, osons (p. 41)* … les solutions économiques.

Le prix sur un marché n'est jamais figé et statique : il varie en permanence, en fonction des mouvements de l'offre et de la demande. A cet égard, le marché financier constitue un cas d'école passionnant pour l'économiste. Le prix d'une action (son « cours ») reflète à chaque instant les anticipations des intervenants du marché sur la valeur à venir d'une entreprise. Ce prix se modifie donc au gré des nouvelles qui arrivent : bref, *la Bourse, c'est la vie économique (p. 43)*.

Comme ce sont les évènements à venir qui font bouger les cours, il est impossible de prédire avec certitude le prix futur d'une action (« elle va monter », « elle va baisser »), sauf à avoir de la chance ou des informations privilégiées : tel est l'un des enseignements fondamentaux de la théorie économique moderne. La bourse s'apparente en réalité à un Casino, où domine le hasard plus que la stratégie : *rien ne va plus, faites vos jeux ! (p. 45)* Ce qui vaut pour les actions vaut aussi pour les obligations. En particulier, lorsqu'un Etat emprunte de l'argent à 10 ou 20 ans sur les marchés financiers, il émet des obligations avec un certain taux d'intérêt. Ce taux d'intérêt à long terme n'entretient pas de relation univoque avec les taux d'intérêt à court terme, fixés par la Banque Centrale. Il dépend de multiples facteurs économiques mais aussi de la psychologie des marchés : s'il y a un doute des marchés financiers sur la capacité d'un Etat à rembourser sa dette, les taux d'intérêt vont alors immédiatement flamber et incorporer une prime de risque de défaillance. *La fixation d'un taux d'intérêt, c'est de la mécanique et de la psychologie* (p. 47).

Les prix varient en permanence et il est souvent difficile d'en comprendre les modalités de fixation : tantôt ils nous paraissent excessivement bas, comme ceux des produits *low cost* ; tantôt ils nous apparaissent excessivement élevés comme certains médicaments vendus plusieurs dizaines de milliers d'euros. Bref, nous avons le sentiment qu'il n'y a plus de prix et qu'aucune règle ne préside à leur fixation. Nous sommes même tentés de considérer que *les prix sont injustes* (p. 49). En réalité, une loi implacable et rationnelle se cache bien souvent derrière la fixation d'un prix : faire payer au client le maximum de ce qu'il est prêt à payer. D'ailleurs, le prix d'un même produit peut varier en fonction de la personne qui l'achète : à l'heure d'Internet et du big data, il devient possible pour une entreprise de pratiquer des prix personnalisés. *Demain, ce sera « A chacun son prix » ?* (p. 51)

Faut-il pour autant réguler les prix, pour éviter qu'ils ne s'envolent ? En réalité, le prix est un simple thermomètre qui prend la température du marché : un prix élevé signale juste une situation de pénurie. Fixer autoritairement un prix plafond ne change rien au problème de fond : le manque d'offre. A cet égard, la décision du gouvernement en 2015 de *plafonner les loyers avec la loi Alur* (p. 53) n'a pas mis fin à la pénurie de logements ; pire encore, elle a accentué le problème, en raréfiant l'offre de logements.

36

Autocars longue distance :
Naissance et vie d'un marché

La loi Macron d'août 2015 a libéralisé le transport par autocar sur longue distance, jusqu'ici étroitement bridé. Un an et demi après la libéralisation du marché, près de 7 millions de passagers ont pris place dans les « cars Macron », si l'on en croit le récent rapport de l'Autorité de régulation des activités ferroviaires et routières. Voilà l'occasion d'illustrer concrètement la vie d'un marché émergent.

Les nouveaux opérateurs ont fait leur apprentissage, avec leur lot de succès et d'échecs. Certaines lignes – en particulier les radiales comme Lille/Paris – ont vite été plébiscitées, tandis que d'autres ne parvenaient pas à séduire une clientèle suffisante. Les compagnies de bus ont donc procédé à des ajustements saisonniers, à des ouvertures et… fermetures de lignes : bref, le marché a connu une certaine turbulence, au gré des essais et erreurs des opérateurs.

Plus encore, six compagnies se sont lancées à l'assaut de l'Hexagone en 2015, avant que l'offre ne se structure autour de trois acteurs principaux. La vie d'un marché naissant est toujours rythmée par des recompositions, au travers d'entrées, de sorties, d'alliances ou de rachats, à l'image de la reprise de Mégabus par Flixbus. Les acteurs ont aussi compris qu'ils étaient en concurrence intermodale avec la voiture (individuelle ou partagée), le train et parfois même l'avion : ils ont dû adapter leur stratégie, notamment tarifaire, à cette réalité complexe.

Quant aux clients, ils ont découvert une autre manière de se déplacer, plus lente que le train, l'avion ou la voiture mais pas nécessairement moins qualitative, notamment grâce au wifi à bord. Les premières craintes sur le confort ont été balayées, compte tenu de la modernité des flottes. Les clients du bus qui se sont détournés du train ont souvent eu la bonne surprise de faire des économies.

Si l'ampleur de leur gain de pouvoir d'achat n'a pas été à ce jour chiffré, les études sur le Royaume-Uni ou l'Allemagne font état de baisses de prix significatives, pouvant atteindre 30 à 50 % par rapport au train, pour un trajet équivalent. Certes, les temps de parcours sont beaucoup plus longs en bus mais certains clients, notamment les seniors, sont moins sensibles à la valeur temps qu'au prix du billet.

D'autres consommateurs, qui ne voyageaient pas ou peu par contrainte de revenu, ont pu accéder à la mobilité sur longue distance, grâce aux prix bas : les étudiants sont ainsi surreprésentés dans la clientèle des bus. Des clients ont aussi découvert de nouvelles destinations, qui étaient mal desservies jusqu'ici par le train : pas moins de 180 villes et 985 liaisons sont aujourd'hui accessibles ! En particulier, le bus a permis de relier directement des villes de province, notamment d'Est en Ouest, sans qu'il soit besoin de passer par Paris. L'offre a ainsi pu créer la demande, en suscitant l'envie de voyager, de rendre plus souvent visite à la famille et aux amis. Cet afflux de nouveaux clients, phénomène dénommé « effet d'induction » aurait concerné 17 % des passagers, soit plus d'un million de clients en 2016. Les prix bas et les nouvelles destinations ont ainsi élargi la taille du marché.

Bref, le bus longue distance a connu la vie turbulente de tout marché naissant : producteurs et consommateurs se sont progressivement découverts, par un lent processus d'apprentissage mutuel. Le marché du bus entre aujourd'hui dans l'âge adulte, avec un seul mot d'ordre : trouver enfin la voie de la rentabilité, alors que tous les opérateurs affichent des pertes. La vie d'un marché n'est jamais… une longue route tranquille !

La gratuité n'existe pas en économie

En 2016, le département du Calvados a décidé de faire payer aux usagers le recours abusif aux services des pompiers. Cette décision a suscité de fortes critiques, au nom du sacro-saint principe de « gratuité ». Une notion largement répandue dans notre pays, où chaque individu dispose d'un droit à bénéficier d'un grand nombre de services publics « gratuitement » : éducation nationale, hôpital, etc.

Mais ne nous y trompons pas : en économie, la gratuité n'existe pas puisque la production d'un bien ou d'un service génère un coût qui doit être supporté, à un moment ou l'autre, par quelqu'un. Dans le cas de services publics, ce quelqu'un est tout simplement le citoyen, qui s'acquitte de l'impôt. Dans le cas d'une offre marchande, la gratuité consiste pour l'essentiel à faire payer autrement. Par exemple, les clients qui valorisent le plus une prestation vont la payer très cher, tandis que les autres en bénéficieront gratuitement : songeons aux boîtes de nuit qui pratiquent l'entrée libre pour les filles, afin de mieux faire payer… les garçons. De même, un journal « gratuit » pour les lecteurs sera largement diffusé, ce qui permettra ensuite de vendre aux annonceurs des pages publicitaires.

Le problème de la gratuité est qu'elle distend le lien entre paiement et consommation : le payeur n'est pas toujours celui qui consomme ; le consommateur n'a plus idée de ce que coûte réellement la production, rendant ainsi difficile toute appréciation. Dans le cas d'une offre marchande, la gratuité peut même engendrer le doute chez le client : la carte de crédit offerte par la banque la première année est en réalité un « produit d'appel » qui sera rentabilisé demain par des frais bancaires, dont on peut difficilement évaluer a priori le montant.

De même, les prestations incluses dans un « package » donnent l'illusoire sentiment de la gratuité, sans que le client puisse assigner véritablement un prix à chaque prestation : dans le prix d'un billet d'avion, combien vaut le repas « offert » durant le vol ? C'est d'ailleurs sur cette défiance et cette confusion que le modèle *low cost* a bâti son succès : en donnant un prix à chaque composant d'une prestation, il rétablit un lien direct entre prix et droit à consommer, permettant ainsi au client de choisir ce qui lui convient.

Dans le cas de services publics, la gratuité conduit à passer sous silence le véritable coût de la prestation : sauf à lire les rapports de la Cour des comptes, quel citoyen sait par exemple que le lycée public « gratuit » coûte chaque année 10 102 euros par élève ? Ce coût pose question, lorsqu'on le met en relation avec les piètres performances de notre pays au test PISA : nous y occupons le 25e rang, en dépensant pourtant 38 % de plus que les autres pays de l'OCDE. Expliciter ce coût permettrait de débattre enfin de l'efficacité de la dépense publique d'éducation : comment obtenir de meilleurs résultats en dépensant la même somme ?

Parmi les réponses possibles, l'une consisterait à faire un chèque annuel de 10 102 euros à chaque citoyen pour qu'il l'investisse dans le lycée de son choix. Nul doute que les parents des 140 000 « décrocheurs » qui quittent chaque année notre système scolaire sans aucun diplôme, privilégieraient de nouveaux établissements avec de nouvelles pédagogies. La gratuité ne doit pas devenir un carcan ou un prétexte pour supprimer toute liberté de choix.

Lutte contre la pollution : Osons !

En novembre 2015, a eu lieu à Paris la COP21, sommet sur le changement climatique qui est parvenu à un accord final par lequel les signataires s'engagent à limiter le réchauffement mondial à 2°C d'ici 2100. A cette occasion, Nicolas Hulot, le Ministre de la Transition écologique et solidaire, lançait un appel au titre évocateur : « Osons». Osons agir contre le réchauffement climatique, disait-il, en listant 12 propositions… assez consensuelles. L'une d'entre elles retenait toutefois l'attention : « *Intégrer la pollution au prix de vente* ».

Voilà une idée ancienne en économie, qui remonte au début du XXe siècle et repose sur un principe simple : tant que la pollution reste gratuite, il n'y a aucune raison que les pollueurs en tiennent compte dans leurs décisions de production ou de consommation. Prenons l'exemple d'une entreprise qui fabrique du ciment et qui, ce faisant, émet des gaz à effet de serre. Si l'émission de CO_2 a un prix égal à zéro, la cimenterie ne va pas l'intégrer dans ses coûts, au même titre que l'énergie, les matières premières ou la main-d'œuvre : elle n'a donc aucun intérêt à utiliser une technologie moins polluante. En revanche, si l'on donne un prix à l'émission de CO_2, au travers d'une taxe, la cimenterie va devoir l'intégrer dans ses coûts, ce qui peut l'inciter à adopter une technologie plus propre. C'est le principe même de la « taxe pollueur payeur », adoptée par de nombreux pays développés, dont la France. Un principe qui doit toutefois respecter plusieurs conditions.

Tout d'abord, le but d'une écotaxe n'est pas de remplir les caisses de l'Etat mais de modifier les comportements : à la limite, une taxe efficace ne devrait rien rapporter, puisque les agents changeront de technologie pour ne plus polluer, plutôt que de payer la taxe. En France, la fiscalité verte a été parfois utilisée comme un nouveau moyen de financement, plutôt que comme un instrument incitatif.

Ensuite, le niveau d'une écotaxe doit être fixé sur la base du montant des dommages causés et non en fonction de considérations d'acceptabilité politique : si une pollution s'avère très coûteuse pour la société, alors la taxe doit être très élevée. Cela n'exclut pas une certaine progressivité dans sa mise en œuvre, afin que les agents affectés aient le temps de s'adapter. Espérons à cet égard que la trajectoire de la taxe carbone, dont le prix passera de 22 euros la tonne en 2016 à 100 euros en 2030, ne soit pas modifiée demain

Pour être acceptable, l'écotaxe doit aussi couvrir l'ensemble des activités et acteurs qui contribuent à la pollution : en France, royaume des exceptions, nous sommes encore loin d'une telle approche. Comment expliquer que, dans le cadre des quotas nationaux d'émissions de CO_2, notre industrie supporte l'essentiel de l'effort, alors que d'autres secteurs y échappent ?

Enfin, l'écotaxe ne doit pas exclure d'autres mécanismes comme les marchés de droits à polluer : une entreprise efficace préférera faire mieux que la norme environnementale, car cela ne lui coûte pas grand-chose, et revendra ses droits à polluer à une autre entreprise pour qui changer de technologie coûte très cher. La norme globale de pollution sera atteinte, tout en mettant de la souplesse dans la répartition de l'effort.

Dans la lutte contre le réchauffement climatique, Nicolas Hulot a raison : osons ! Osons enfin appliquer des principes économiques simples, qui modifient le comportement des agents, dans un sens plus vertueux. En matière de lutte contre la pollution, le portefeuille, le mécanisme des prix, le marché sont au moins aussi efficaces que l'incantation et la morale !

La Bourse, c'est la vie économique

Alors que le nombre de particuliers investissant en Bourse s'était effondré en France après 2008, un frémissement se fait jour depuis peu. Selon Euronext, les Français reviennent sur le marché des actions depuis 2015. Occasion rêvée de rappeler des vérités simples sur la Bourse.

Tout d'abord, l'économie n'est pas un monde figé mais un organisme vivant, marqué par « la destruction créatrice », surtout à l'heure du numérique et de l'innovation disruptive : de nouvelles entreprises entrent, qui viennent bousculer les leaders, au point parfois de les pousser sur la voie du déclin. Il est donc logique que certaines actions connaissent de fulgurantes ascensions, à la mesure des croyances sur les profits futurs, tandis que d'autres voient leur cours boursier descendre aux enfers, avec parfois la faillite au bout du chemin. Pour autant, il est impossible de prévoir qui seront les nouveaux géants économiques et donc quelles actions verront leur cours exploser demain. Si on le savait à l'avance, l'information serait déjà reflétée dans les cours, comme l'a magistralement démontré Eugène Fama, prix Nobel d'économie en 2013.

Il est donc vain de passer des heures, avant d'investir, à tenter de découvrir la pépite cachée que personne n'aurait vue. Plusieurs expériences confirment qu'il n'existe pas de stratégie pour « battre le marché », si ce n'est…le délit d'initié. Ensuite, la croissance économique est toujours un pari sur l'avenir puisqu'elle repose sur l'investissement. Le cours d'une action est donc par nature volatile puisqu'il reflète la somme actualisée des profits futurs… anticipés. Investir en actions sans risque est un oxymore. Mais la contrepartie du risque, c'est le rendement : plus un actif est risqué, plus son rendement sera élevé. Force est de constater que sur le long terme les actions restent le placement le plus rentable, comparé à l'or, l'immobilier ou les obligations d'Etat : selon une étude de l'AMF, sur la période 1988-2013, le rendement réel des actions du CAC40 a été de 6,6 % par an (dividendes réinvestis) et de 2,6 % hors dividendes, ce qui reste imbattable.

Enfin, la Bourse nous rappelle ce qui fait l'essence de l'activité économique : la création de valeur. L'important n'est pas tant de produire et de vendre – « faire du chiffre d'affaires » – que de vendre plus cher que ce que cela ne coûte – « réaliser une marge ». Cette marge dépend du prix que le client est prêt à payer et, à ce titre, comprend une part de subjectivité. Prenons l'exemple de Starbuck : voilà une entreprise qui commercialise des cafés de qualité, avec votre prénom sur le gobelet en carton, dans des lieux plutôt sympathiques et branchés. Elle affiche une capitalisation boursière de… 72 milliards de dollars, pour un chiffre d'affaires de 12 milliards. 72 milliards, c'est plus que la valeur boursière de notre fleuron technologique Airbus !

Des cafés qui valent plus que des avions : est-ce bien raisonnable ? Si l'on regarde du côté de la rentabilité, le paradoxe disparaît : Starbuck réalise une marge supérieure à 12 %, qui la rapproche plus des acteurs du luxe (20 % en moyenne) que de l'industrie. Au fond, ce que nous montre chaque jour la Bourse, c'est que l'important en économie n'est pas de savoir si l'on fabrique des produits industriels, agricoles ou des services ; l'important est de créer de la richesse, qu'elle qu'en soit la forme.

Bourse :
Rien ne va plus, faites vos jeux !

En l'espace d'un mois, en janvier 2016, le CAC40 perdait plus de 10 %, avec de violents mouvements sur certaines valeurs comme Vallourec, qui dévissait de 43 %. La question que ne manquent pas de se poser les petits porteurs est simple : que faire dans de telles circonstances ?

Pour y voir plus clair, leur réflexe naturel est d'écouter les conseils d'experts : certains leur annonceront la poursuite de la baisse, en décelant dans l'historique des cours des tendances et récurrences – c'est l'analyse « chartiste » ; d'autres soutiendront que les cours remonteront, après avoir étudié à la loupe les business plans des sociétés – « l'analyse fondamentale ». Tous ont la conviction que l'on peut raisonnablement prévoir le cours des actions et donc « battre le marché » en anticipant le mouvement des titres.

Pourtant, les économistes ont depuis longtemps émis quelques doutes sur cette « prescience ». Ils considèrent que le cours d'une action est tout simplement imprévisible et suit un processus de « marche au hasard ». Si l'on sait aujourd'hui qu'une entreprise va décrocher demain un gros contrat, il est inutile de parier sur la hausse du titre puisque le cours actuel intègre déjà cette information. Comme l'a montré le prix Nobel Eugène Fama, seules de nouvelles informations peuvent faire varier les cours mais il n'est par définition pas possible de les connaître à l'avance, sauf à se livrer à un délit d'initié. Ainsi, lorsque le marché a appris les suspicions de fraude qui pesaient sur Renault, le titre a décroché en quelques minutes de 20 % : qui pouvait le prévoir ? Personne.

Afin de démontrer la pertinence de leur thèse, les économistes se sont livrés à de nombreuses expériences. Le *Wall Street Journal* a ainsi fait jouer un chimpanzé contre des traders, l'animal choisissant ses titres en lançant des fléchettes sur des étiquettes représentant chacune une action. Résultat des courses : le chimpanzé a fait aussi bien que les professionnels ! Une autre expérience a fait jouer une fillette de 4 ans, un trader et une astrologue à la Bourse de Londres : la petite fille s'en est mieux sorti que les deux autres joueurs. Plus récemment, en 2013, le *Guardian* a répété l'expérience avec un chat, dénommé Orlando, qui s'est confronté à une équipe de professionnels de la finance et à un groupe d'étudiants. Au bout d'un an, Orlando a affiché la meilleure performance, avec un gain de 4,2 % !

Quelles conclusions tirer de ces troublantes expériences ? Tout d'abord, qu'il est peut-être inutile de perdre son temps à décrypter les cours de Bourse et à écouter les conseils de professionnels. Il suffit d'investir au hasard dans l'indice CAC40, en s'en remettant par exemple… à la sagesse de son chat. Le hasard n'empêche toutefois pas la prudence : afin d'éliminer le risque lié à la détention d'un seul titre, il est judicieux de diversifier son portefeuille ou d'acheter un fonds indiciel. Surtout, la principale qualité pour réussir en Bourse réside dans la patience. Selon une étude de l'AMF, un investissement en actions françaises conservé sur la période 1988/2013 a procuré, avec réinvestissement des dividendes, un rendement annuel moyen réel de 5,81 %. C'est mieux que l'immobilier ou l'or.

Finalement, le fait que la Bourse soit un casino n'est pas vraiment un problème puisqu'elle procure à long terme un rendement positif. Elle devrait même inciter les amateurs de jeux de hasard à y investir leurs économies, plutôt que de les jouer au loto : à la Bourse au moins, on est sûr de gagner à tous les coups… à condition d'être patient.

Taux courts, taux longs :
De la mécanique à la psychologie
des marchés

Début 2018, les taux d'intérêt à long terme sur les emprunts d'Etat connaissaient une forte remontée aux Etats-Unis et en Europe. Le taux à 10 ans en Allemagne atteint 0,7 % alors qu'il était à 0,40 % un mois plus tôt ; même constat outre-Atlantique avec des obligations d'Etat à 10 ans proches des 3 %. Au même moment, les grandes banques centrales se sont engagées dans une politique de hausse de leurs « taux directeurs » – qui sont des taux à court terme — après une longue période de taux zéro : le taux de la Fed est à 1,5 %, tandis que la BCE devrait commencer à relever les siens d'ici la fin 2018. Mais existe-t-il une relation nécessaire entre l'évolution des taux d'intérêt à court terme et ceux à long terme ?

La réponse de la théorie économique est assez catégorique : non. Toutes les configurations sont même possibles : on peut par exemple avoir des taux courts supérieurs aux taux longs, situation qualifiée d'« inversion de la courbe des taux ». L'absence de relation vient du fait que taux courts et taux longs ne sont pas influencés par les mêmes facteurs. Pour faire simple, les taux courts sont déterminés par la politique monétaire, dont l'objectif est d'agir sur la conjoncture économique, dans le respect d'une cible d'inflation. Les taux d'intérêt à long terme quant à eux résultent de la rencontre entre l'offre mondiale d'épargne et la demande mondiale d'investissement : si l'épargne est abondante et les projets d'investissement rares, alors les taux longs seront bas. Ils dépendent de facteurs structurels tels que la croissance de la population, l'espérance de vie ou l'évolution de la productivité du capital.

Pourtant, une étude de la Banque des règlements internationaux (décembre 2017) montre que ces facteurs fondamentaux ne suffisent plus à expliquer l'évolution des taux d'intérêt à long terme. Il faut en réalité revenir à… la politique monétaire. Suite à la crise financière de 2008, les banques centrales ont massivement acheté de la dette publique et contribué à la baisse des taux longs, créant même ce que certains appellent une « bulle obligataire ». Ajoutons à cela la stratégie des banques privées, qui ont emprunté à court terme à des taux proches de zéro, pour acheter des obligations à long terme, rémunératrices.

Depuis peu, les banques centrales se désengagent de ce processus – ce que l'on appelle le *tapering* : leur demande de dette publique diminue, ce qui fait baisser le cours des obligations et remonter les taux d'intérêt à long terme. Il existe en effet une relation inverse entre cours des obligations et taux d'intérêt. De leur côté, les banques privées, anticipant la hausse des taux directeurs, achètent aussi moins de dette à long terme. On est donc dans un processus mécanique de normalisation des taux longs, après une période exceptionnelle de taux bas. Mais méfions-nous : on n'est jamais à l'abri d'un choc qui viendrait demain mettre le feu aux poudres. Songeons à un doute des marchés sur la capacité d'un Etat à rembourser sa dette. Le risque qu'il fasse défaut pourrait alors faire flamber les taux longs dans ce pays et générer un phénomène de contagion. Les taux à long terme intègrent aussi des éléments de psychologie des marchés. Et cela n'est ni mécanique, ni anticipable.

Injuste prix

Alors que le transport par autocar longue distance prend son essor dans notre pays, les compagnies multiplient les annonces tarifaires : Paris/Toulouse à partir de 5 euros, Perpignan-Lyon à partir de 1 euro etc... Au même moment, sur un tout autre marché, celui du traitement de l'hépatite C, on a appris que le médicament le plus cher de l'histoire, le Sovaldi, vendu 41 000 euros en France, aura bientôt un concurrent, le Viekerax, qui sera lancé au prix de... 39 114 euros !

Comment peut-on offrir des billets quasi-gratuits, quand on doit par ailleurs supporter des coûts de carburant et de personnel, sans même parler des coûts fixes ? En réalité, les compagnies d'autocar appliquent une veille méthode : le *yield management*, consistant à faire évoluer le prix au cours du temps en fonction des caractéristiques de la demande, c'est-à-dire des clients. Lorsqu'un trajet est ouvert à la réservation, les premiers billets sont vendus à des « prix d'appel » pour capter des clients qui vont certes s'engager plusieurs mois à l'avance mais qui sont surtout très sensibles au prix, soit parce que leurs moyens financiers sont limités, soit parce qu'ils n'ont pas vraiment la nécessité de voyager.

Au fur et à mesure que l'autocar se remplit et que la date de départ approche, le prix du billet augmente, pour atteindre parfois des sommets : dans l'aérien, sur un même vol et dans la même classe, les billets à 30 euros côtoient souvent ceux à 300 euros ! Les derniers clients payent le prix fort parce qu'ils réservent au dernier moment et n'ont plus le choix. Sans le savoir, ils paient en réalité pour les autres clients et assurent ainsi la rentabilité du vol. N'est-ce pas injuste ? Pas vraiment, dans la mesure où chaque client a toujours le choix de réserver à l'avance et d'obtenir ainsi un prix bas.

Venons-en au second exemple : comment est-il possible de vendre un médicament près de 40 000 euros ? Surtout que le coût de production de la molécule du Sovaldi, le sofosbuvir, serait compris, si l'on en croit une étude récente de cinq chercheurs anglais, entre 68 et 136 dollars! A nouveau, une partie de l'explication se trouve du côté de la demande : les autorités sanitaires sont très intéressées par le Sovaldi et le Viekerax parce qu'ils permettent de guérir 90 % des patients avec des effets secondaires limités ; elles risquent donc de payer ces thérapies… au prix fort, même en usant de leur pouvoir de négociation ou en faisant jouer la concurrence, par ailleurs limitée à deux acteurs détenant des brevets. Un autre argument vient aussi tirer les prix vers le haut : une fois le patient guéri grâce à ces traitements révolutionnaires, l'assurance maladie fera des économies par rapport à la situation antérieure, où les patients prenaient certes des médicaments beaucoup moins chers mais moins efficaces et sur de très longues périodes.

Bref, sur un plan économique, le prix exorbitant de ces deux médicaments peut s'expliquer par les caractéristiques de la demande. Pour autant, peut-on considérer que cette situation est juste ? Sûrement pas, dans la mesure où les 20 0000 personnes atteintes par l'hépatite C en France n'ont d'autre choix que de se soigner. Mais l'économiste est bien démuni lorsqu'il s'agit de dire quel devrait être le « juste prix » de l'innovation. Cette question, par ailleurs fort légitime, relève de la morale… c'est-à-dire du politique.

Demain, « A chacun son prix » ?

Depuis plusieurs années, le marché de la publicité digitale connait une forte croissance. Ainsi, la publicité digitale affiche en 2018 une insolente croissance de 11,3 %, représentant pas moins de 36 % des dépenses publicitaires dans le monde.

Il faut dire que la publicité digitale a une grande vertu : grâce aux datas collectées, elle permet aux annonceurs de mieux cibler leurs publicités sur de potentiels clients. Qui n'a pas reçu, alors qu'il surfait sur le site de son journal préféré ou sur sa page Facebook, une publicité pour un vélo électrique… après qu'il a effectué une recherche similaire sur Google quelques heures plus tôt ? Mais au-delà du ciblage publicitaire sur des produits, la révolution digitale permettra demain d'explorer un nouveau rivage, celui des prix différenciés, voire personnalisés.

La stratégie consistant à appliquer des prix différents pour un même produit, selon le client ou le groupe auquel il appartient, porte un nom en économie : la « discrimination ». Le cas extrême de discrimination consiste à pratiquer un prix « à la tête du client », comme cela se fait depuis la nuit des temps dans les souks ou les brocantes. En discriminant, le vendeur cherche tout simplement à faire payer au client le prix maximum que ce dernier est disposé à payer.

Si elle peut choquer moralement, la discrimination a souvent des effets positifs en économie : elle permet par exemple aux personnes à faibles revenus – songeons aux étudiants — de bénéficier de prix plus attractifs. Jusqu'à présent, elle prenait une forme assez rudimentaire : différenciation des prix selon la date de réservation, le lieu d'achat ou l'âge du client. Dans l'aérien par exemple, la règle de base est assez simple : plus vous réservez tard, plus vous payez cher. Si vous prenez votre billet pour New York la veille du départ, par caprice ou par nécessité, il n'y a pas de raison de vous faire de cadeau : qui aime bien, paye bien.

Cette stratégie de discrimination suppose toutefois de bien connaître les caractéristiques de ses clients, notamment en termes de goûts ou de revenus. Justement, le big data et l'analyse des données, notamment celles relatives au comportement de navigation, permet d'avoir une connaissance assez fine de chaque individu et d'adapter les prix en conséquence. Ainsi, une enquête de la Cnil et de la Direction de la Concurrence (DGCCRF) en 2014 relevait que s'il n'était pas avéré que le prix d'un billet d'avion variait en fonction de l'adresse IP, le fait d'aller sur un comparateur de prix avant de choisir un site de réservation pouvait conduire ce dernier à proposer un prix d'appel plus attractif.

Pour l'heure, les pratiques de discrimination sur le net semblent se limiter à des promotions différenciées selon les types de clients. Mais rien n'empêchera technologiquement les annonceurs d'aller plus loin demain, en pratiquant des prix personnalisés. Si ce n'est la crainte d'une révolte des internautes, choqués de se voir suivis et analysés dans un tel but. A l'heure des réseaux sociaux, l'e-réputation reste sans doute le meilleur garde-fou contre la tentation du prix… « à la tête du client ».

Plafonner les loyers ?
Effets pervers garantis

En 2014 a été votée la loi Alur, qui prévoit notamment le plafonnement des loyers dans 28 agglomérations, dont celle de Paris. Voilà une mesure inspirée par les meilleurs sentiments – rééquilibrer la relation entre locataires et propriétaires – mais qui va se retourner… contre une partie de ceux qu'elle est censée protéger : les futurs locataires. Pour prendre la mesure de ces effets indésirables, tournons-nous vers le Canada, les Etats-Unis, la Suède ou le Danemark, qui ont mis en place ce type de mesures.

Premier effet : une diminution du nombre de logements locatifs. Lorsqu'un prix est plafonné, l'offre se raréfie. Comme cela a été observé au Québec, certains propriétaires vont retirer leur logement du marché, notamment pour le convertir à d'autres usages dont les prix ne sont pas réglementés.

Second effet : le plafonnement des loyers profite certes aux locataires qui ont déjà un appartement, mais il rend plus difficile encore l'accès au marché pour les primo-accédants, pénurie de logements oblige. On se retrouve alors dans une situation duale, entre des insiders qui rient parce que leur loyer est plafonné et des outsiders qui pleurent car ils trouvent encore moins à se loger. Ce dualisme renforce le pouvoir de négociation des bailleurs et favorise les comportements de discrimination de toute sorte. Lorsque les appartements s'échangent directement entre locataires, un véritable « marché noir » se met en place, avec le paiement de commissions élevées comme cela a été observé en Suède.

Troisième effet : le plafonnement des loyers profite également à ceux qui ne sont pas dans le besoin. Ainsi, à San Francisco, 26 % des ménages qui habitent dans des logements soumis au contrôle des loyers ont des revenus annuels de 100 000$ ou plus.

Dernier effet : les titulaires d'un logement à prix réglementé ne sont pas incités à en changer, de crainte de ne pas en retrouver rapidement un autre. Ainsi, à New York, 175 000 appartements de 4 pièces et plus soumis à la réglementation des loyers sont occupés par des couples âgés qui les ont conservés après que leurs enfants les ont quittés. Cette faible rotation conduit à réduire la mobilité du facteur travail : ainsi, une étude sur le cas danois montre que la durée des locations est en moyenne de 19 ans pour les appartements dont le prix est régulé, contre 12 ans pour les autres. Une mobilité réduite du facteur travail constitue un handicap pour la croissance, en ralentissant la réallocation du facteur travail des régions en déclin vers les régions attractives. Le cas danois montre aussi qu'un fort degré de régulation des loyers est associé à une durée de chômage plus longue, dans la mesure où les individus sont moins incités à chercher un emploi hors de leur zone de résidence.

Est-ce à dire qu'aucune intervention de l'Etat n'est justifiée en matière immobilière ? A l'évidence non. Mais l'action des pouvoirs publics doit porter sur la stimulation de l'offre dans les zones tendues, à la fois par des politiques incitatives à la construction de logements neufs et par des politiques de rénovation urbaine, par exemple la conversion en logements des friches industrielles. Une chose est sûre : plafonner les loyers ne règle en rien la pénurie de logements. « On ne fait pas de bonne littérature avec de bons sentiments », affirmait Gide. Il en va de même en économie : de bonnes intentions ne suffisent pas à bâtir une bonne politique.

Chapitre 2

« Ils sont fous ! » : Mieux comprendre les comportements économiques

L'analyse économique repose sur le principe selon laquelle les agents, qu'ils soient producteurs ou consommateurs, ne sont pas guidés par leurs seules pulsions ou émotions mais qu'ils procèdent à un calcul cout/bénéfice, lorsqu'ils prennent une décision. Dit autrement, les acteurs économiques ont un minimum de rationalité, ce qui ne signifie pas qu'ils ne se trompent pas dans leurs choix, notamment lorsqu'ils évaluent mal les coûts et les bénéfices.

Ce cadre d'analyse est particulièrement pertinent pour mieux comprendre les comportements déviants tels que la délinquance économique, motivés par l'appât du gain. S'ils estiment que les sanctions sont trop faibles au regard des gains, les délinquants potentiels auront intérêt à violer la loi. Ce principe vaut tout autant pour les petits voleurs à la sauvette que pour les cols blancs : le scandale de la FIFA en 2015 nous a rappelé que la délinquance économique ne se résumait pas à la figure du mafieux, du dealer ou du cambrioleur. Elle touche aussi des managers et cadres dirigeants, qui sont souvent persuadés à tort qu'ils ne se feront pas prendre, étant victime d'un biais de « surconfiance ». *Les cols blancs ne sont pas toujours blancs (p. 59).*

Si les pouvoirs publics veulent lutter efficacement contre les infractions économiques, ils doivent devenir aussi rationnels que les délinquants : il faut faire en sorte que le crime ne paie plus, par exemple en augmentant les sanctions ou en les rendant immédiates. En matière de lutte conte la petite délinquance, appliquons le principe : *qui vole un IPhone en prendra pour sa pomme (p. 61).* Dans le cas du scandale Volkswagen, qui a truqué les performances environnementales de ses moteurs, *la sanction du gendarme (p. 63)* doit prendre en compte non seulement le dommage infligé à la collectivité mais aussi la probabilité que l'entreprise avait de se faire prendre.

Dans le cas de la lutte contre les excès de vitesse sur route, une politique *Fast and furious (p. 65)* consisterait à ne pas miser seulement sur la détection par les radars mais également à aligner les sanctions sur... les revenus des contrevenants : « plus tu gagnes, plus tu paies ». Au-delà de la sanction et de la détection, il faut également mieux informer les délinquants potentiels des risques pris et du fait que « le *(petit) crime ne paie (presque) pas* » *(p. 67).* De même, si l'on veut encourager les lanceurs d'alerte à dénoncer des pratiques frauduleuses au sein de leur entreprise, il est nécessaire d'aller au-delà de simples mesures de protection de la personne : il faut rémunérer *les lanceurs d'alerte (p. 69),* à la mesure des risques pris.

Dans un autre registre que la délinquance, il est intéressant de comprendre pourquoi des agents économiques, pourtant motivés par l'appât du gain, décident de ne pas se lancer dans une activité économique potentiellement lucrative. A titre d'exemple, en matière de recherche pharmaceutique, la découverte d'un vaccin contre le Sida ne semble pas mobiliser les laboratoires privés. *Y aura-t-il un vaccin demain ?* (p. 71) Tout est ici question d'incitations : les laboratoires craignent qu'une fois le vaccin trouvé, ils ne soient victimes d'un comportement de hold-up de la part des pouvoirs publics, qui leur confisquera leur brevet au nom de considérations de santé publique. L'enjeu est alors de trouver un système d'incitations crédibles qui motivent les laboratoires à chercher davantage.

Les acteurs économiques sont souvent en interaction les uns avec les autres, notamment lorsqu'ils négocient : ils vont donc développer des stratégies pour influencer le comportement de leur partenaire/ adversaire, afin que l'issue de la négociation leur soit la plus favorable possible. Ainsi, les négociations sur la dette entre l'Europe et la Grèce s'apparentaient en 2015 à un jeu, avec son lot de menaces et de bluff. *La renégociation de la dette grecque* (p. 73) s'apparente à une partie de poker.

Lorsque les acteurs économiques tentent de coopérer entre eux, la réalité est souvent loin de leurs espérances : il se trouve toujours au moins un acteur pour « faire cavalier seul », en déviant de l'équilibre collectif et en poursuivant son propre intérêt individuel. Arriver à faire émerger durablement une action collective est sans doute l'une des choses les plus difficiles qui soit. Le cas des négociations de l'OPEP, dont l'objectif est de contrôler la production de pétrole pour maintenir un certain niveau de prix, illustre parfaitement cette difficulté : au sein de l'OPEP, c'est bien souvent la règle du « *chacun pour soi, les promesses pour tous* » (p. 75) qui l'emporte !

PETIT MANUEL (IRRÉVÉRENCIEUX) D'ÉCONOMIE

Lutte contre la criminalité :
Cols pas toujours blancs

En 2015, plusieurs cadres dirigeants de la Fifa ont été arrêtés par le FBI, soupçonnés de s'être livrés à des pratiques de corruption, notamment dans l'attribution des coupes du Monde. Ce scandale vient nous rappeler que la délinquance économique ne se résume pas à la figure du mafieux, du dealer ou du cambrioleur. Elle touche aussi des managers et cadres dirigeants. Voilà l'occasion de poser un regard sur le « crime en col blanc », en mobilisant les apports de l'économie comportementale.

Comme tout individu qui envisage d'enfreindre la loi pour en retirer un gain monétaire, le dirigeant va mettre en balance les coûts et gains espérés et, dans cet exercice subjectif, plusieurs biais peuvent le conduire à minorer les coûts.

Ainsi, si la pratique illicite est ancienne et généralisée, le nouveau venu la percevra comme « un mal nécessaire » pour atteindre un objectif licite, tel que remporter un contrat face à des concurrents moins efficaces mais… usant de la corruption. On peut même assister à une inversion des valeurs : ce qui est illégal sera présenté au futur délinquant comme salutaire, sinon moral. Dans l'affaire du cartel de la lysine, les participants avaient adopté une étrange devise: « Nos concurrents sont nos amis, nos clients nos ennemis ». En présentant la concurrence comme la guerre de tous contre tous, le cartel, pourtant considéré comme l'infraction la plus grave en droit de la concurrence, apparaissait comme une saine mesure de « pacification » du marché.

La décision du manager peut être aussi affectée par un « biais de disponibilité »: lorsqu'un événement est rare ou peu visible, l'individu a tendance à considérer qu'il n'existe pas. A l'exception de quelques affaires comme Enron, Madoff ou Kerviel, les sanctions en matière d'infractions économiques font rarement l'objet d'une large médiatisation, en dépit du dommage important causé à la collectivité. Autre biais : la surconfiance. Les individus ont tendance à surestimer leur capacité à échapper à la détection. A cet égard, le fait d'être éduqué et de connaître les règles du jeu ne garantit pas toujours un meilleur respect de la loi. Une expérience économique en laboratoire a montré que les participants qui connaissaient bien la législation antitrust étaient plus enclins à former un cartel car ils avaient le sentiment de maîtriser la situation, grâce à leur savoir d'expert !

Une fois entré dans la spirale de la délinquance en col blanc, il peut être difficile de s'en abstraire. Cet effet de cliquet s'observe dans le cas de pratiques répétées, où les participants développent entre eux un esprit de corps, qui rend psychologiquement coûteux la tricherie. Il est donc essentiel de prévenir les managers, avant qu'il n'ait mis un « pied dans le crime ». Et les entreprises ont un rôle important à jouer, en envoyant des signaux clairs et crédibles à leurs salariés : programme de conformité assorti de sanctions, mécanisme d'alerte, etc.

Au-delà de ces mesures internes, l'intervention des pouvoirs publics apparaît nécessaire, surtout lorsque la pratique est consommée, et peut prendre appui sur des solutions audacieuses : en matière de cartels, le programme de « clémence » des autorités américaines promet l'immunité totale à la première entreprise qui dénonce sa participation au cartel mais aussi l'immunité pénale pour tous ses salariés. Echapper à la prison ou réduire la peine encourue en collaborant constitue un appât fort, comme le montre le cas de « Monsieur 10 % » dans l'affaire de la FIFA. En matière de délinquance économique, les incitations restent le meilleur vecteur pour détecter et dissuader les candidats au crime.

Lutte contre la petite délinquance :
Qui vole un iPhone…
en prendra pour sa pomme

Les sondages sur les préoccupations des Français se succèdent et se ressemblent : si le terrorisme et le chômage occupent les premières places, la « lutte contre la délinquance » figure toujours dans le top 5 des sujets les plus importants. Parmi les multiples formes de délinquance, le vol de portable est sans doute celle qui parle le plus, compte tenu de sa fréquence : chaque année, pas moins de 650 000 personnes sont victimes d'un vol ou d'une tentative de vol de leur téléphone ! Cette petite délinquance, souvent sans violence, ne porte certes pas sur des enjeux financiers colossaux, mais alimente la rancœur des victimes qui ont le sentiment que ces petites atteintes aux biens, mêmes lorsque les voleurs se font prendre, restent trop souvent impunies.

En effet, si l'on en croit les statistiques du ministère de la Justice, les « délits de vols », lorsqu'ils donnent lieu à condamnation (et non à une simple inscription au casier judiciaire ou à un rappel à la loi), se traduisent dans 70 % des cas par des peines de prison, dont la moitié avec sursis. Quelle est la réelle valeur punitive et dissuasive d'une sanction qui reste en pratique virtuelle ? Dans le cas d'une peine ferme, les contraintes de place dans nos prisons conduisent souvent à différer son application, rompant ainsi le lien d'immédiateté entre la décision de privation de liberté et son exécution.

Une solution alternative consisterait, dès lors que le vol est commis sans violence physique, à recourir davantage aux peines monétaires, sous la forme d'amendes fermes. Le Code pénal le prévoit d'ailleurs, même si en pratique les tribunaux y recourent peu : en 2010, sur 82 685 condamnations pour vol, 4 466 peines d'amendes fermes ont été prononcées, pour un montant moyen de… 369 euros.

Le recours à l'amende présente plusieurs avantages. La sanction monétaire coûte moins cher que la prison, en dépit des coûts de recouvrement. Elle évite que le primo délinquant ne soit mis au contact de personnes plus averties, qui vont le conforter dans sa vocation. Elle est à effet immédiat et exerce donc un effet très visible sur le délinquant, ce qui est important dans le cas de jeunes qui se projettent peu dans l'avenir. La sanction monétaire, par rapport à un rappel à la loi, exerce une contrainte matérielle forte, en obligeant le voleur à régler sa dette au sens propre du terme. Les amendes établissent ainsi une équivalence objective entre le montant du vol et le niveau de l'amende, selon un principe simple : « Plus tu voles, plus tu paies ». Si un iPhone 5S volé est revendu 250 euros sur le marché noir, il est logique d'infliger une amende au moins égale au gain illicite. Si l'on tient compte du fait que tous les voleurs ne se font pas prendre, l'amende, pour être dissuasive, devrait même être un multiple du gain illicite, comme cela se fait en matière de sanctions douanières.

Mais le plus grand intérêt de l'amende réside sans doute dans son caractère certain : le condamné ne peut s'y soustraire. En effet, s'il n'est pas solvable, l'amende peut être transformée en heures de travaux d'intérêt général, calculées sur le montant de l'amende. Comme le soulignait déjà Beccaria dans son Traité des délits et des peines (1764), *« Ce n'est point par la rigueur des supplices qu'on prévient le plus sûrement les crimes, c'est par la certitude de la punition. »*

Le scandale Volkswagen :
La sanction du gendarme

En 2015, l'agence américaine de l'environnement (EPA) révélait que Volkswagen avait falsifié les tests d'émissions polluantes de ses moteurs diesel. Combien la firme de Wolfsburg devra-t-elle payer pour avoir falsifié des tests de pollution ? Les sommes avancées donnent le tournis, certains analystes allant jusqu'à évoquer le chiffre de 78 milliards d'euros. S'il est impossible d'en déterminer le montant exact, la facture totale sera à l'évidence salée et constituée d'éléments très disparates : perte de réputation de la marque, coût du rappel et de la mise aux normes des véhicules, dommages et intérêts à payer aux victimes, et… sanction infligée par la NHTSA, l'autorité américaine en charge de la sécurité routière.

Arrêtons-nous un instant sur ce dernier élément, en nous demandant comment le montant de la sanction pourrait être fixé. L'analyse économique fournit à cet égard un guide utile. Elle considère que toute personne – individu ou entreprise – qui viole la loi pour en retirer un avantage monétaire le fait au terme d'un calcul rationnel : elle met en balance le gain illicite attendu avec le coût espéré d'une telle violation. Dans le cas de Volkswagen, le gain espéré provenait d'un effet volume : des voitures ont pu être commercialisées aux Etats-Unis grâce à la falsification de tests de pollution, voitures qui n'auraient sans doute pas été autorisées à la vente en l'état sans ce stratagème. Dans d'autres affaires, le gain espéré provient plutôt d'un effet prix : tel est le cas lorsque des entreprises concurrentes forment un cartel pour vendre leurs produits plus chers ou lorsqu'un trader réalise un gain illicite sur les marchés financiers en bénéficiant d'une information privilégiée. Pour ce qui est du coût espéré, il correspond au montant de la sanction infligée à l'entreprise… si elle se fait prendre.

Dans ces conditions, les pouvoirs publics, s'ils veulent être efficaces, c'est-à-dire dissuasifs, doivent être aussi rationnels que ceux qui violent la loi ou ont l'intention de le faire : la sanction doit au moins confisquer le gain illicite – sans parler même du dommage causé à l'ensemble de la société, plus important – et aussi tenir compte du fait que toutes les infractions ne sont pas détectées.

Illustrons notre propos par un exemple numérique simple : si une entreprise, en violant la loi, réalise un gain illicite d'un million d'euros et si la probabilité qu'elle se fasse attraper est de 15 % – ce qui correspond au chiffre le plus fiable pour des activités de vol – la sanction efficace devrait s'élever à 6,6 millions d'euros. Enorme ! On nous objectera que cette approche économique se heurte au principe d'individualisation des peines : pourquoi une entreprise devrait-elle payer plus, au motif que les pouvoirs publics sont incapables d'attraper tous les contrevenants ? Certes. Mais à contrario, une sanction qui se contente de reprendre le gain illicite n'exercera pas un effet dissuasif suffisant à l'égard de l'auteur de l'infraction et… de potentiels contrevenants. Une solution possible consiste alors à compléter les sanctions monétaires, qui pèsent sur les actionnaires, par des peines de prison ou d'incapacitation, qui ciblent les personnes physiques à l'origine de l'infraction. Mais cela ouvre un autre débat épineux : au sein d'une entreprise, qui sont les véritables responsables ?

Lutte contre la vitesse au volant : « Fast and furious »

920 millions d'euros : voilà le montant des amendes collectées en 2016 par les pouvoirs publics pour excès de vitesse, grâce à la multiplication des radars. Notre pays n'en compte aujourd'hui pas moins de 4 600, répartis sur l'ensemble du territoire. Cette politique a-t-elle pour autant entraîné une baisse de la mortalité routière ? Non, répond la Cour des comptes dans un récent rapport. Pire encore, depuis maintenant trois ans, le nombre de morts sur les routes repart à la hausse, avec plus de 3 400 tués en 2016, bien loin de l'objectif espéré de 2000 victimes par an. A vrai dire, le verdict de la Cour n'a rien de très surprenant.

Tout d'abord, les radars ne peuvent régler à eux seuls un fléau aux origines multiples : si l'excès de vitesse reste bien la première cause de mortalité routière en France, l'alcool au volant ou le refus de priorité figurent également en bonne place.

Ensuite, la relation entre radars et accidentalité est plus complexe qu'il n'y paraît. Certes, les radars font baisser localement le nombre d'accidents : une étude de l'Insee montre ainsi que la mise en place de radars fixes dans les communes de moins de 6 000 habitants aurait permis d'éviter, au cours de la période 2003-2011 pas moins de 780 décès et 2 750 blessés graves. Néanmoins, certains effets pervers peuvent apparaître. Les « chauffards » peuvent choisir, grâce à leur GPS, d'éviter les tronçons équipés de radars pour aller rouler vite ailleurs. Les accidents évités localement sont alors transférés… sur d'autres routes. Plus encore, l'Insee montre que l'effet des radars sur le nombre d'accidents se réduit au cours du temps, sans doute à cause d'un « effet d'habitude » chez l'automobiliste.

Mais surtout, l'impact d'un radar sur l'accidentalité n'a rien de mécanique : il dépend du comportement de l'automobiliste. Pour la plupart des délinquants routiers, l'excès de vitesse résulte d'une mise en balance des gains et des coûts. Le gain réside dans le temps gagné, sans même parler du plaisir que peut procurer une conduite rapide. Du côté des coûts, le délinquant routier va estimer les chances de se faire « flasher » : à cet égard, l'usage des détecteurs de radar peut lui donner un sentiment d'impunité. Il prendra aussi en compte le montant anticipé de l'amende : si elle est trop faible, elle n'exercera aucun effet dissuasif et s'apparentera à une simple taxe, autorisant à rouler plus vite.

Voilà pourquoi un pays comme la Finlande fixe le montant de l'amende en fonction du niveau de revenu du contrevenant : un millionnaire s'est ainsi vu infliger la modique somme de 54 024 euros pour… un excès de vitesse de 14 miles. Plutôt dissuasif !

Il arrive toutefois que certains individus restent insensibles à toute logique de calcul coût/bénéfices : il s'agit de « têtes brûlées » qui présentent un fort goût pour le risque ou une faible appétence au respect des lois. Ces personnes peuvent difficilement être raisonnées au moyen de radars et d'amendes. Une politique préventive d'éducation, des mesures très répressives en aval – telles qu'une peine de prison ferme ou une suspension systématique du permis — sont sans doute plus efficaces pour infléchir leur comportement.

Bref, si les radars sont utiles – et même nécessaires — à la lutte contre la délinquance au volant, il serait naïf d'en faire l'alpha et l'omega d'une politique de lutte contre la mortalité routière.

Le (petit) crime ne paie (presque) pas

Les pouvoirs publics, dans leur lutte contre la petite délinquance du quotidien, auraient sans doute intérêt à utiliser davantage l'arme de la sanction monétaire. L'amende présente l'avantage, par rapport à la prison, de son immédiateté, de son effectivité et repose sur un principe aussi simple qu'objectif : « Plus tu voles, plus tu paies ». Mais la lutte contre le vol, le cambriolage et les petits trafics en tout genre passe aussi par une meilleure détection et prévention.

Mais faut-il vraiment détecter les petits délits ? Il est en effet tentant d'en faire le moins possible, au motif que la détection est coûteuse : mobiliser un policier pour arrêter des voleurs d'iPhone peut sembler de prime abord disproportionné. Il vaudrait mieux se contenter d'infliger des sanctions très fortes aux rares délinquants qui se font attraper, en contrepartie d'une faible probabilité de détection : ceux qui se font prendre paieraient en quelque sorte pour les autres.

C'est oublier que si les chances d'être arrêté par la police sont trop faibles, les apprentis délinquants penseront qu'ils ne se feront jamais interpeller. Il s'agit là d'un biais bien connu en psychologie, le « biais de disponibilité » : lorsqu'un événement survient de manière trop rare, l'individu considère qu'il n'arrive… jamais. Il est donc important de conserver une activité constante de police sur le terrain, à l'image de ce qu'ont fait les Anglais avec la Street Crime Initiative en 2002 : la présence policière sur la voie publique aurait permis de réduire de 30 % le nombre de vols, soit un coût évité de 130 millions de livres, pour une dépense supplémentaire de 24 millions. Un bon calcul économique.

Il est également important de détecter (et punir) les petits délits, afin d'éviter que le primo délinquant, qui commence souvent par de petits larcins, ne développe un sentiment d'impunité et ne s'engage demain dans une trajectoire criminelle, avec des délits de plus en plus conséquents : qui vole aujourd'hui un œuf, volera demain un bœuf.

Outre la détection, les pouvoirs publics doivent aussi miser sur la prévention. A cet égard, les études empiriques montrent que la majorité des délinquants – et notamment ceux situés en bout de chaîne — ne font pas fortune et peinent même à boucler les fins de mois. Pas de quoi susciter a priori des vocations ! Si des jeunes s'engagent dans la petite délinquance, c'est aussi parce que leur perception des gains est fortement biaisée : ils les surestiment, en prenant comme référence le train de vie luxueux de leurs supérieurs, les chefs de gang. Mais c'est oublier qu'il en est du crime comme de toute compétition : si les candidats sont nombreux, rares sont les élus. Les jeunes délinquants sont victimes d'un autre biais psychologique – la « surconfiance » – qui les conduit à penser à tort qu'ils deviendront demain caïd et décrocheront le gros lot.

Or n'est pas Al Capone qui veut. Pour les pouvoirs publics, un levier intéressant de prévention consiste à mener des campagnes régulières d'information – par exemple sous la forme de témoignages d'anciens délinquants — dans les collèges, lycées et lieux fréquentés par les jeunes, pour les informer de la dure réalité économique du « métier » de délinquant. Avec un message simple : la petite délinquance n'est pas très rentable. Mieux vaut encore aller à l'école ou prendre un travail légal.

Lanceurs d'alerte :
Le prix du risque

Un cadre de la Deutsche Bank a refusé en 2016 les 8 millions de dollars que lui offrait le gendarme américain de la Bourse, en récompense de ses révélations sur les irrégularités de son employeur. La rémunération des lanceurs d'alerte qui s'est développée aux Etats-Unis à la suite du Dodd Franck Act (2010), mérite que l'on s'y arrête quelques instants, tant elle est riche d'enseignements pour nous, Français, qui restons bien timides en la matière.

Premier point : cette politique ne se fait pas de manière discrétionnaire, à l'ombre du droit. Bien au contraire, elle repose sur des règles du jeu explicites, appliquées par le très officiel Bureau du lanceur d'alerte, qui dépend de la Securities and Exchange Commission. Le fait de protéger l'anonymat des « dénonciateurs » n'exclut pas d'afficher les règles du jeu, en vertu du principe selon lequel « il faut dire ce que l'on fait et faire ce que l'on dit ».

Second point : le but de cette procédure n'est pas de détecter toutes les pratiques illicites, mais de cibler celles qui sont les plus dommageables et difficiles à découvrir autrement. Voilà pourquoi son champ est circonscrit pour l'instant à la fraude financière et comptable, qui peut déstabiliser tout le système économique. Plus encore, seule la révélation d'une fraude dont le montant de sanction dépassera le million de dollars est susceptible d'être rémunérée. Dans le cas de la Deutsche Bank, si le « dénonciateur » s'est vu offrir 8 millions de dollars, c'est que la SEC a récupéré de son côté un pactole de… 55 millions de dollars.

Troisième point : pour réussir, cette politique doit avoir les moyens financiers de son ambition. En effet, le « dénonciateur » prend des risques personnels énormes : sa carrière est bien souvent brisée, sans parler de sa vie sociale et privée, et il va subir réprobation et représailles. La récompense doit donc être à la mesure du coût qu'il supporte : aux Etats-Unis, elle n'est pas plafonnée mais représente un pourcentage, compris entre 10 % et 30 %, de la sanction infligée à l'entreprise. L'Office of the *whistleblower* est d'ailleurs doté d'un fond de... 400 millions de dollars : depuis sa création en 2011, il a attribué 85 millions de dollars à 32 lanceurs d'alerte, dont une prime de 30 millions.

Dernier point : même les individus qui ont pris part à la fraude – parfois d'ailleurs sur ordre hiérarchique — sont éligibles à la prime. D'un point de vue moral, il peut paraître choquant de payer un individu ayant participé à une pratique illégale. Il serait toutefois erroné de penser que la majorité des « dénonciateurs » le font d'abord par appât du gain ; l'expérience montre que dans 80 % des cas, ils ont d'abord tenté d'alerter leur entreprise sur les pratiques frauduleuses mais se sont heurtés au mur du silence. D'un point de vue économique, il est rationnel de rémunérer fortement ceux qui disposent de précieuses preuves, sur des dossiers à fort enjeu financier.

Bref, la politique américaine place au premier plan l'effectivité de la répression, en rémunérant la prise de risque des lanceurs d'alerte. On est ici à mille lieux de l'approche prudente dont nous faisons preuve en France sur ce sujet, tabous de l'argent, de la morale et de l'histoire obligent. Mais pour être efficace dans la répression de pratiques illicites et dommageables pour l'économie, il faut parfois savoir s'abstraire des tabous.

Sida, un vaccin pour demain ?

Le Sida touche 35 millions de personnes dans le monde, principalement en Afrique subsaharienne. Si d'énormes progrès ont été accomplis dans l'accès aux thérapies – 16 millions de patients bénéficient d'un traitement antirétroviral – une question revient : quand y aura-t-il un vaccin ?

La réponse est d'abord entre les mains des chercheurs : les percées thérapeutiques ne se décrètent pas, surtout dans le cas d'un virus aussi complexe et mutant que le Sida. Les nombreuses tentatives pour trouver un vaccin se sont d'ailleurs révélées jusqu'ici infructueuses. Mais l'économiste peut aussi apporter un éclairage sur ce sujet.

Dans le cas d'un vaccin thérapeutique, l'incitation d'un laboratoire à chercher peut être altérée par ce que l'on appelle l'« effet de remplacement » : un laboratoire qui a déjà investi beaucoup d'argent sur des traitements court le risque de se remplacer lui-même s'il lance un vaccin. Son gain net doit donc intégrer cette perte de revenu futur. Qui plus est, un vaccin diminuera demain la prévalence de la maladie et donc, à terme, la taille du marché. Cet effet de remplacement est contrebalancé par un « effet concurrence ». Dans la mesure où de nombreux laboratoires proposent des traitements, chacun d'entre eux est incité à trouver le vaccin avant les autres, afin d'obtenir une position de monopole temporaire. De plus, l'effet de remplacement ne s'applique pas aux outsiders, qui, ne commercialisant aucun médicament, ont une incitation plus forte à chercher : on peut d'ailleurs remarquer que plusieurs start-up, notamment françaises, sont sur les rangs.

Dans le cas d'un vaccin préventif, les laboratoires peuvent craindre que les patients des pays riches soient peu enclins à payer le prix fort, compte tenu de leur sous-estimation des risques de contamination. Dans un célèbre article *Why is there no AIDS vaccine?*, Michael Kremer de l'Université d'Harvard estimait en 2006, pour le marché américain, que les revenus d'un vaccin préventif seraient deux fois moindre que ceux provenant de la vente de thérapies.

Mais le principal frein à la recherche privée se situe du côté de la propriété intellectuelle. Dans la mesure où le Sida touche d'abord les pays pauvres, le laboratoire qui trouvera le vaccin anticipe qu'il sera soumis à une forte pression politique en faveur d'un prix faible et d'un large accès. Les accords de l'OMC sur la propriété intellectuelle autorisent d'ailleurs un pays à s'affranchir des brevets en cas d'urgence sanitaire.

Dans ces conditions, comment inciter les laboratoires à investir davantage dans le vaccin? Une première réponse consiste à réduire le coût de la recherche privée, par exemple en favorisant la collaboration avec la recherche publique ou en octroyant des subventions. Les nombreux partenariats public/privé ou les initiatives de fondations comme celle de Bill & Melinda Gates vont dans ce sens. Une autre solution consiste à garantir à l'avance l'achat du vaccin à un certain prix. Mais ce système pose de nombreuses questions: à quel niveau fixer le prix? Et surtout, quelle est la crédibilité d'un tel engagement? En effet, une fois le vaccin trouvé, le laboratoire n'est pas à l'abri d'un comportement de holdup, consistant à renégocier la promesse à la baisse.

Bref, si l'espoir d'un vaccin repose d'abord sur les avancées de la recherche médicale, l'économie nous montre qu'il s'agit aussi d'une question… d'incitations.

Renégociation de la dette grecque : Faites vos jeux !

La Grèce doit faire face à une grave crise de sa dette publique, qui la conduit à solliciter l'aide extérieure. Cette aide financière est toutefois conditionnée à la mise en place de réformes structurelles en Grèce et des négociations difficiles s'engagent avec la Commission Européenne et le FMI sur ce sujet. La négociation entre la Grèce et ses partenaires européens a pris les allures d'une partie de poker. Une occasion rêvée de rappeler quelques enseignements de théorie des jeux.

Premier principe : lorsque l'on prend une décision, il faut toujours considérer que les autres joueurs vont réagir… ce qui peut modifier le résultat espéré au départ. Supposons que l'Europe décide de revenir au protectionnisme avec la Chine : on pourrait estimer qu'il s'agit d'un bon calcul, puisque cela permet d'importer moins de produits chinois, tout en continuant à exporter vers l'Empire du Milieu. Mais ce raisonnement est erroné : si nous nous protégeons, la meilleure réponse des Chinois sera aussi de se protéger… ce qui diminuera nos exportations.

Second principe : une issue coopérative est toujours possible dans une situation où les intérêts individuels sont divergents, à condition que l'interaction soit répétée et que les joueurs valorisent les gains futurs. Les joueurs ont moins intérêt à tricher car le gain immédiat qu'ils en retirent sera compensé demain par une punition ou une perte de confiance de la part des autres joueurs. Les reniements ou coups de Trafalgar se paient toujours un jour.

Troisième principe : dans une négociation, il ne suffit pas de faire des promesses ou de proférer des menaces pour être pris au sérieux ; encore faut-il être perçu comme crédible. Etre crédible, c'est d'abord dire ce que l'on fait et faire ce que l'on dit. Le meilleur gage de crédibilité, c'est souvent son comportement passé : celui qui a déjà triché hier aura moins de chances d'être écouté. Etre crédible, c'est aussi montrer que l'on n'a pas d'autre choix que de faire ce que l'on a promis de faire : lorsque l'on veut contraindre ou persuader les autres, il faut d'abord se contraindre soi-même, en se « liant les mains ». Tel est le sens de la stratégie consistant à « brûler ses vaisseaux » : en se fermant une option, un joueur envoie un signal clair et crédible à ses partenaires quant à sa détermination (menace) ou sa bonne volonté (promesse).

Dernier principe : dans une négociation, le comportement des individus n'est pas toujours régi par le seul calcul économique, la dimension psychologique peut jouer un rôle important. Une illustration nous en est fournie par le célèbre « jeu de l'ultimatum » : il est proposé à un joueur A de partager avec un joueur B une somme d'argent – disons 100 euros ; le joueur A fait donc une proposition financière à B, qui peut l'accepter ou la refuser. Si B la refuse, les deux joueurs repartent bredouillent… avec 0 euro chacun ! L'intérêt de A est donc que B accepte sa proposition. Le modèle prédit que A va faire une offre minimale à B – par exemple 1 euro – et que le joueur B acceptera toujours cette offre car 1 euro vaut toujours mieux que 0. Le joueur A empochera alors 99 euros. Mais lorsque l'on fait jouer ce jeu à de « vrais » individus, surprise : ils ne se comportent pas du tout comme le modèle ! Certains refusent l'offre de A parce qu'ils la jugent trop faible : le sentiment d'injustice, voire d'humiliation les conduit à renoncer à un gain monétaire.

Ne jamais sous-estimer la réaction de ses adversaires, encore moins les humilier ; ne pas être court-termiste et rester toujours crédible : ces principes simples et de bon sens conditionnent le succès d'une négociation. Les protagonistes du feuilleton grec ne les ont pas toujours respectés.

Marché du pétrole :
Chacun pour soi, les promesses pour tous ?

Alors que le pétrole atteint un plancher de 30 dollars en 2016, l'OPEP appelle à un accord avec les pays non-membres pour soutenir les prix. Facile à dire, difficile à faire car toute coopération se heurte à l'implacable logique de l'intérêt individuel.

Cette difficulté à coopérer est connue en théorie des jeux, au travers de la célèbre histoire du « dilemme du prisonnier ». Deux prévenus A et B, soupçonnés de meurtre, sont entendus par un juge. S'ils ne se dénoncent pas mutuellement, chacun prend 5 ans de prison. S'ils se dénoncent tous deux, ils reçoivent chacun une peine de 10 ans. Mais si A dénonce B – ou réciproquement- et que B ne dénonce pas A, le prévenu A est libéré, tandis que B se voit infliger 15 ans de prison. Les deux prévenus vont donc promettre de se taire… mais cette stratégie ne va pas fonctionner. En effet, que B se taise ou parle, A a toujours intérêt à le dénoncer, soit pour être libéré, soit pour réduire sa peine de prison. Finalement, chaque prévenu va dénoncer l'autre et prendra 10 ans, ce qui est la pire solution collective ! Se faire des promesses, signer des accords, proférer des injonctions – à coups de « y a qu'à » et « faudrait qu'on »- ne changera rien à cette issue fatale.

Est-ce à dire que toute coopération entre individus ou entre pays est vouée à l'échec ? Pas si sûr. Les idéalistes en appelleront au sens moral – « une promesse est une promesse » – pour expliquer que les parties à un accord peuvent respecter leurs engagements. Mais cet argument apparaît fragile lorsqu'on l'applique au monde économique, guidé par l'appât du gain.

Une autre solution est à rechercher du côté de la contrainte. Par exemple, chaque citoyen, consentant par principe à payer l'impôt, devrait tenter d'y échapper pour profiter gratuitement des biens collectifs financés par les autres contribuables. Or, en pratique, une majorité d'individus s'acquitte de l'impôt. Question de morale ? Plutôt de contrainte, chacun craignant d'être sanctionné par l'Etat, si sa fraude venait à être découverte. Dans le cas de l'OPEP toutefois, il n'existe pas d'organe situé au-dessus des pays, qui ait le pouvoir de les forcer à respecter les quotas de production. Au niveau international, rares sont les accords juridiquement contraignants : à titre d'exemple, l'accord de la COP21 ne prévoit aucun organe de sanction qui puisse punir les pays ne respectant pas leurs engagements de réduction d'émission.

Une troisième solution réside dans la capacité de chacun à comprendre son intérêt à long terme. Comme un accord se déroule sur plusieurs périodes, les parties peuvent mettre en place un système de sanction interne : celui qui triche aujourd'hui sera puni demain par les autres, sous la forme d'une guerre de prix ou d'une exclusion. Chaque membre va alors comparer le gain immédiat d'une tricherie avec les pertes futures résultant d'une sanction. S'il valorise suffisamment l'avenir, il n'a plus intérêt à tricher. Mais encore faut-il qu'il soit patient pour résister aux sirènes du court terme : dans le cas du pétrole, certains pays producteurs sont dans une situation financière critique et peuvent avoir intérêt à violer un accord tout de suite, quitte à être sanctionnés demain par leurs partenaires.

Dans un monde où chacun regarde d'abord son intérêt, le succès d'une coopération entre pays relève plus souvent de l'exception que de la règle. Dans le cas du pétrole, si le prix remonte demain, ce sera d'abord par un jeu de forces et d'intérêts qui échappe à la seule volonté de l'OPEP.

Chapitre 3

« Tombée du ciel ? » : Mieux comprendre la croissance économique

La croissance : voilà un mot qui fait souvent la une de nos médias – songeons à des titres récurrents comme « le retour de la croissance » ou « la croissance en berne » – sans que l'on comprenne toujours bien ce qui se cache vraiment derrière cette notion économique. La croissance désigne fondamentalement la capacité d'un pays à accroître sa richesse (globale et par habitant) sur le long terme. Elle ne se décrète pas, elle ne tombe pas ciel, elle se construit au cours du temps sur la base d'un terreau favorable à l'investissement et à la prise de risque. Elle dépend donc largement de nos propres choix : *la croissance est en nous* (p. 81).

Dans un pays développé, le principal ingrédient de la croissance aujourd'hui, c'est sa capacité à produire plus efficacement, ce que l'on appelle en économie les « gains de productivité ». Pour doper notre productivité globale, rien de mieux que de miser sur les révolutions technologiques : il ne faut surtout pas les brider mais plutôt les accompagner, notamment en favorisant la réallocation des travailleurs. *On n'arrête pas les révolutions économiques* (p. 85), sauf à le payer cher en termes de croissance perdue. A cet égard, l'idée de *taxer les robots* (p. 235) pour préserver l'emploi relève d'un contresens économique complet : elle consiste à penser que le robot serait l'ennemi de l'emploi. Monsieur Robot viendrait en quelque sorte remplacer l'ouvrier. S'il est vrai que les robots peuvent détruire des emplois directs, il ne faut pas oublier que les robots sont une source de gains de productivité et donc de richesse, qui sera créatrice d'emplois indirects en amont, en aval et dans d'autres secteurs de l'économie. On peut d'ailleurs noter que des pays comme l'Allemagne ou la Corée du Sud, où les taux de robotisation sont parmi les plus élevés au monde, affichent des performances envieuses en termes de taux de chômage.

Dans un monde caractérisé aujourd'hui par un phénomène de « destruction créatrice », où de nouveaux produits viennent remplacer d'anciens produits, il est toutefois de plus en plus difficile dans les pays développés de mesurer les gains de productivité et donc notre taux de croissance. Il est même probable que notre véritable croissance économique soit largement sous-estimée en Europe et aux Etats-Unis. La mission des économistes est de partir à la recherche de la *croissance perdue* (p. 87).

Mais la croissance n'est pas qu'affaire d'ingrédients économiques : elle dépend aussi de facteurs politiques, et notamment du choix de régime politique. A cet égard, il est intéressant d'aller faire un tour du côté des pays en développement et émergents, qui nous réservent des surprises : contrairement à l'intuition, la démocratie – si elle est moralement souhaitable- ne constitue pas toujours une condition nécessaire au décollage économique d'un pays. Ce qui semble le plus important, c'est la mise en place et la stabilité d'institutions telles que des marchés libres, une confiance dans la monnaie et un système juridique fiable. Il existe ainsi des cas de « *dictateurs bienveillants* » *(p. 91)*, qui confisquent le pouvoir politique pour eux-mêmes mais autorisent une certaine liberté économique : croissance et autoritarisme peuvent parfois aller de pair.

A contrario, les régimes les plus autoritaires comme le Venezuela aujourd'hui, qui confisquent à la fois le pouvoir politique et économique font rapidement sombrer tout un pays dans le chaos et la misère. Ainsi, au Venezuela, dans un climat de défiance sur la monnaie et de dirigisme économique, on assiste depuis 2016 au retour du troc, avec de petites annonces du type « *Echange shampoing contre farine* » *(p. 93)*. Moralité : lorsque le pouvoir politique veut nier les lois du marché au nom de l'idéologie, l'économie se venge très vite, à coup d'hyperinflation et de pénurie généralisée.

Petit manuel (irrévérencieux) d'économie

Les facteurs de la croissance :
Que la croissance soit en nous !
(épisode 1)

« Alignement des planètes ». Voilà l'expression qui revient souvent pour caractériser la conjoncture économique en 2016. Une conjoncture dont on nous dit qu'elle est idéale pour retrouver le chemin de la croissance : des taux d'intérêt historiquement bas, un euro déprécié face au dollar, un pétrole au plancher. Que demander de plus ? Mais cette vision des choses apparaît très discutable.

Elle donne le sentiment que notre situation économique serait d'abord dictée par des facteurs externes : la croissance tomberait en quelque sorte du ciel, au gré de forces sur lesquelles nous n'avons pas prise. Cette conception présente un réel avantage politique : à chaque échec sur le front économique, les gouvernants peuvent se dédouaner à bon compte, en invoquant des vents contraires ou des cieux peu cléments. Combien de fois avons-nous entendu depuis 40 ans, à gauche comme à droite, que si notre croissance était anémique, c'était d'abord la faute à la crise mondiale, à une monnaie surévaluée ou à des chocs pétroliers ?

En réalité, cette vision revient à confondre les conditions propices à une croissance plus forte – un pétrole faible favorise en effet le pouvoir d'achat des ménages, tandis qu'il augmente les marges des entreprises – avec les causes profondes de la croissance, qui sont en nous et sur lesquelles nous avons prise.

Une image permet de mieux comprendre cette confusion si souvent faite entre conjoncture et croissance : le taux de croissance d'un pays est semblable à la vitesse d'une automobile. Lorsqu'une petite voiture roule en ligne droite et dans de bonnes conditions météorologiques, elle va à l'évidence beaucoup plus vite que si elle parcourait une route sinueuse, par temps orageux.

Mais ce qui détermine fondamentalement la vitesse d'une voiture, c'est d'abord la puissance de son moteur : une petite voiture accélérera toujours moins vite qu'une grosse cylindrée, dans des conditions identiques. Il en va de même pour la croissance économique : si l'on veut bénéficier d'une forte accélération lorsque les « planètes sont alignées », il nous faut au préalable disposer d'un moteur puissant, ce que les économistes appellent « le taux de croissance potentielle ».

En la matière, la situation de la France n'est guère réjouissante et s'apparente à celle… d'une voiture de petite cylindrée. Plusieurs études, dont celles de la Banque de France, de Natixis ou de la Commission européenne aboutissent à un taux de croissance potentielle de l'ordre de 1 %, moins élevé que la prévision usuelle de 1,5 %. Si nous comparons ce chiffre avec celui des Etats-Unis, l'écart est impressionnant : avec une croissance potentielle estimée à 2,5 %, les Américains sont en mesure de rouler, en vitesse de croisière… au moins deux fois plus vite que nous !

Pour accroître notre croissance potentielle, la solution ne consiste pas à appuyer à fond sur l'accélérateur d'un petit moteur, à coup de stimulants budgétaires ou d'ingénierie fiscale. La croissance potentielle ne se décrète pas, pas plus qu'elle ne se relance ; elle se construit dans le temps au travers de réformes structurelles, dont les effets se font sentir progressivement mais durablement. Elle repose sur trois ingrédients immuables, qui sont exposés dans tous les (bons) manuels d'économie : la quantité de travail, le stock de capital et la productivité globale des facteurs de production.

Les facteurs de la croissance :
Que la croissance soit en nous !
(épisode 2)

Comment notre pays pourrait-il bénéficier d'une croissance plus forte, surtout lorsque les vents de la conjoncture mondiale lui sont favorables ? En disposant d'un moteur plus puissant, qui lui permette d'accélérer : c'est ce que les économistes appellent la « croissance potentielle ».

Pour ce qui est du facteur travail, il n'y a pas de miracle : si nous voulons produire plus, il nous faut collectivement travailler plus ! Commençons par mettre fin à la funeste « préférence française pour le chômage » (D. Olivennes), qui se traduit depuis 15 ans par un taux de chômage toujours supérieur à 7,5 %, quand d'autres pays d'Europe affichent des performances autrement plus glorieuses. La principale mesure consiste à fluidifier le marché du travail, pour faciliter embauches et licenciements, tout en protégeant les salariés : cette réforme porte un nom bien connu, celui de « flexisécurité ».

Agissons aussi sur le temps de travail, non pas hebdomadaire ou annuel mais… sur l'ensemble de la vie active. Le taux d'emploi, indicateur qui mesure la part des personnes ayant un emploi parmi celles en âge de travailler, est de l'ordre de 65 % en France, soit… 10 points au-dessous de l'Allemagne et des pays nordiques. Ce taux résulte principalement de la faible participation des jeunes au marché du travail – 28 % seulement contre 46 % en Allemagne – et des seniors – 47 % contre 65 % outre Rhin. En clair, les Français entrent tardivement sur le marché et en sortent assez tôt, alors que dans les pays nordiques, on travaille certes peu par semaine et par an mais…

sur une longue période de la vie ! Les principales réformes consistent à faciliter l'accès des jeunes à un premier emploi, en développant notamment l'apprentissage, et à allonger la durée de cotisation retraite.

Mais la croissance potentielle est aussi à rechercher du côté de la productivité du travail. En la matière, comme dans la plupart des pays d'Europe, la France connaît un déclin de ses gains de productivité depuis 15 ans, situation qui contraste avec les Etats-Unis. Sur la période récente, les gains de productivité horaire sont en France de 0,3 % par an, soit trois fois moins qu'outre-Atlantique. Ce déclin s'observe dans tous les secteurs et n'est donc pas attribuable à la seule mutation de notre système productif. L'insuffisance de qualification de notre main-d'œuvre, le manque de robotisation de nos usines, le déficit de R&D sont les causes les plus souvent avancées.

Mais un autre facteur, plus diffus, plus systémique mais très puissant joue également : la lenteur avec laquelle nous parvenons à nous approprier les révolutions technologiques. Par le passé, la France a bénéficié des vagues d'innovations avec un retard de deux décennies par rapport aux Etats-Unis : ainsi, la diffusion massive de l'usage de l'électricité, du moteur à explosion et de la chimie moderne n'a été effective qu'à partir des années 1950, entraînant de forts gains de productivité. La cause est sans doute à rechercher dans nos institutions – et tout particulièrement le système éducatif – qui préparent encore trop peu au changement radical, à la prise de risque, à l'agilité, à l'acceptation de la concurrence disruptive et favorisent plutôt la routine, les équilibre établis et la reproduction à l'identique. Bref, si nous voulons tirer parti du potentiel de productivité lié à la révolution numérique, il nous faut d'abord changer notre état d'esprit. Preuve s'il en est… que la croissance est bien en nous.

On n'arrête pas les révolutions,
même économiques

Alors que Ryanair fête en 2015 son trentième anniversaire – et quel que soit le jugement que l'on porte sur cette compagnie – il n'est pas inintéressant de tirer quelques leçons du succès du *low cost* aérien, qui représente aujourd'hui 40 % du marché « point à point » en Europe, gagne de l'argent, transporte 200 millions de passagers chaque année et a imposé un nouveau standard.

Premier enseignement : l'innovation est plus que jamais plurielle. Si le *low cost* a révolutionné de fond en comble l'aérien, nuls brevets, R&D, laboratoires de recherche ou savants derrière tout cela. Mais plutôt de l'audace, le choix d'être à contre-courant et une idée aussi ingénieuse que redoutable : « Un avion en vol est une source de profit ; au sol, c'est une source de coûts. » CQFD. Pour faire voler davantage un avion, il faut dépouiller à l'extrême le processus de production et donc le produit offert aux clients. Faire au plus simple et rapide (ce qui est souvent très compliqué) : voilà la devise ! Le *low cost* nous montre que l'innovation radicale peut se loger partout, y compris là où on l'attend le moins, à savoir dans les nouveaux modèles économiques qui arrivent souvent sans prévenir.

Deuxième enseignement : la déferlante de l'innovation ne doit pas être sous-estimée. Face à la nouveauté radicale, le réflexe des entreprises en place est souvent l'attentisme, ou pire, le déni de réalité : « Cela ne marchera pas ; sinon on y aurait pensé. » La bonne réaction consiste à prendre au sérieux l'outsider et à saisir l'occasion pour se questionner et se réinventer soi-même. En allant par exemple se battre sur le terrain du *low cost*, quand il n'y a pas d'autre issue possible : tel est le choix de British Airways qui a confié à sa filiale *low cost* Vueling le soin d'opérer les vols en point à point, avec le succès que l'on connaît. Ou bien en se différenciant au maximum des *low cost*, notamment en montant en gamme et en misant sur le service, lorsqu'existe une demande des clients : le cas de l'automobile allemand est à cet égard éloquent. Mais quel que soit le sens du mouvement stratégique, il est impératif de bouger : faire du surplace, quand le monde économique avance si vite, c'est reculer.

Troisième enseignement : les pouvoirs publics ne doivent pas bloquer les innovations de rupture. Les nouveaux modèles économiques doivent bien entendu se plier aux règles du jeu qui s'imposent à tous les acteurs : pas de *low cost* au rabais, au mépris du droit des consommateurs et des salariés. Mais évitons de créer des lignes Maginot artificielles, au nom de la sauvegarde de l'existant. Ces lignes ne tiendront d'ailleurs jamais bien longtemps, dans un monde ouvert et connecté, où les consommateurs apprennent vite et sont opportunistes. Elles ne feront que retarder les ajustements nécessaires, qui doivent être accompagnés, en les rendant encore plus douloureux demain.

Le cas du ciel français est à cet égard emblématique : trente ans après la naissance de Ryanair, nous n'avons toujours pas réussi à créer une grande compagnie *low cost* sous pavillon national, comme ont su le faire nos voisins anglais, espagnols ou allemands. Pour un pays qui accueille 85 millions de touristes chaque année, dont beaucoup d'Européens à destination de Paris, quelle opportunité manquée ! Mais peut-être n'est-il pas encore trop tard ?

Emploi :
Faut-il taxer les robots ?

Taxer les robots : voilà l'idée d'un candidat à la primaire socialiste pour l'élection présidentielle de 2017. Une idée qui prend appui sur un raisonnement assez simple : puisque les robots remplacent les hommes, limitons l'invasion des robots et nous sauvegarderons ainsi des emplois industriels. Il suffisait d'y penser !

Rappelons tout d'abord que la robotisation – définie comme le recours à une machine qui manipule et assemble des pièces selon un programme prédéfini et automatisé – présente une caractéristique bien connue en économie : elle engendre des gains de productivité. Selon une récente étude du BCG, ces gains d'efficacité pourraient atteindre jusqu'à 30 % à l'horizon de 2025, dans un contexte de diffusion massive des robots – suite à la baisse drastique de leur coût d'usage – et au-delà des seules grandes entreprises. Bref, il faut s'attendre demain à un « choc de productivité » de grande ampleur.

La question est alors de savoir si cette « invasion des robots » est une mauvaise nouvelle pour l'emploi. Dans les secteurs affectés directement par la robotisation, la réponse est assez claire : à court terme, les destructions d'emplois seront massives. Selon une étude de Roland Berger, dans le seul secteur de la logistique, ce sont pas moins de 1,5 million d'emplois directs qui pourraient être menacés en zone euro d'ici dix ans. Mais si l'on tient compte de tous les effets indirects, le tableau apparaît plus optimiste.

Tout d'abord, avant d'utiliser les robots à grande échelle, il va falloir les concevoir, les fabriquer, sans même parler de les entretenir : des emplois – sans doute plus qualifiés – seront créés dans l'écosystème de la robotisation. Ensuite, les robots ne fonctionnent pas tout seuls au sein d'une chaîne de production : la présence de travailleurs qualifiés, capables de les programmer, de les contrôler sera incontournable. Enfin, les robots, en réduisant drastiquement les coûts de production vont faire baisser les prix, ce qui va stimuler la demande dans le secteur concerné ou entraîner des gains de pouvoir d'achat qui seront transférés vers d'autres activités. Les emplois détruits ici par les robots seront transférés ailleurs.

Au-delà de ces effets indirects, l'opportunité de robotiser notre économie doit être pensée dans un monde ouvert, où la France est en compétition avec d'autres pays : si nos concurrents étrangers font le pari de la robotisation, faire le choix du statu quo, c'est prendre le risque de reculer. La robotisation permet en effet de gagner des parts de marché à l'export – ou de ne pas en perdre — en misant sur la compétitivité prix, baisse des coûts oblige. Elle permet aussi, d'améliorer la qualité et la fiabilité de la production, en limitant le risque d'erreur : elle peut ainsi participer à une stratégie de montée en gamme et de compétitivité hors prix. On peut d'ailleurs noter que des pays comme l'Allemagne ou la Corée du Sud, où les taux de robotisation sont parmi les plus élevés au monde, affichent des performances envieuses en termes d'exportation, de qualité et... de taux de chômage.

Le débat sur la robotisation, s'il est légitime, ne doit pas nous conduire à privilégier des solutions trop simples – pour ne pas dire simplistes — mais à affronter le réel tel qu'il est : puisque la robotisation est un processus inéluctable, le véritable enjeu est d'accompagner la requalification des salariés et les transitions vers de nouveaux emplois. On ne stoppe pas les révolutions, même robotiques ; on les prépare et on les accompagne.

Productivité :
A la recherche de la croissance perdue

Et si la croissance économique était une notion appartenant au passé ? Telle est la thèse défendue en 2012 par l'économiste Robert Gordon, qui prédit même l'avènement d'une « stagnation séculaire ». Nous serions demain condamnés à la croissance faible, faute d'innovations majeures : nulle trace à l'horizon d'une 4e révolution industrielle – après celles de la machine à vapeur, de l'électricité/chimie, des technologies de l'information et de la communication — qui viendrait (re)booster nos économies. Au soutien de sa thèse, Gordon mobilise une statistique apparemment incontestable : le ralentissement marqué et durable des gains de productivité en Europe et aux Etats-Unis.

Les gains de productivité constituent l'ingrédient essentiel de la croissance : ils mesurent notre capacité à produire plus efficacement (baisse des coûts) et à mettre sur le marché des produits innovants, dont l'usage permet d'être plus performant. Ainsi, une innovation comme le smartphone a fait gagner du temps à des millions d'utilisateurs, en leur permettant de chercher rapidement des informations sur Internet ou de répondre à leurs emails sans avoir à se mettre derrière un ordinateur. Plus les gains de productivité seront élevés dans un pays, plus la croissance sera forte. Il est donc capital de bien les mesurer.

Lorsque les innovations sont mineures – les entreprises se contentant d'améliorer les produits existants —, l'exercice de mesure n'est pas trop difficile : il suffit de prolonger la tendance observée dans le passé sur des produits similaires. Par exemple, lorsqu'un nouvel ordinateur équipé d'un microprocesseur plus puissant est lancé sur le marché, on suppose que les gains de productivité pour l'usager sont les mêmes que ceux du modèle précédent. Mais il en va tout autrement lorsqu'il s'agit de mesurer les gains de productivité d'un produit radicalement nouveau, qui vient remplacer un produit existant. Par exemple, lorsqu'Apple a lancé en 2007 son IPhone, les gains de productivité apportés à l'utilisateur ont été mesurés comme s'il s'agissait d'un simple « téléphone amélioré ». Ils ont donc été fortement minorés.

Dans deux études publiées en 2017, Philippe Aghion et ses co-auteurs tentent justement de corriger ce biais statistique, en recalculant les gains de productivité résultant de l'arrivée sur le marché d'innovations radicales. Pour les identifier, ils suivent l'évolution des parts de marché des produits : les nouveaux produits, plus performants, viennent prendre la place de ceux en place, à l'image de l'iPhone qui a détrôné le téléphone Nokia. Leurs résultats sont éloquents : dans le cas américain, au cours des quinze dernières années, les gains de productivité et donc la croissance réelle auraient été sous-estimés d'un quart à un tiers !

Même constat sur la France : notre véritable taux de croissance serait supérieur de 0,5 point chaque année… soit un tiers de plus que la croissance mesurée. Voilà une bonne nouvelle, qui devrait nous inciter à mieux accepter l'idée que la croissance n'est plus un long fleuve tranquille. C'est un processus de « destruction créatrice », par lequel des produits innovants, souvent portés par de nouvelles entreprises, viennent prendre la place de produits existants. Freiner la destruction créatrice, c'est freiner la croissance économique.

Croissance et régime politique : Dictateur bienveillant ?

Alors que la mort de Fidel Castro (en 2016) fait ressurgir en France un lugubre débat (peut-on sauver la figure d'un tyran au motif qu'il a incarné un idéal révolutionnaire ?), bien peu s'interrogent sur le bilan économique d'un demi-siècle de régime castriste. Même si les chiffres doivent être pris avec précaution, force est de constater qu'il n'y a pas eu de « miracle cubain. » Selon les estimations de la CIA, le PIB par habitant oscillait en 2011 aux alentours de 10 200 dollars, plaçant ainsi Cuba au niveau… de la Namibie ou de l'Albanie. Cuba n'aura donc pas connu le destin d'un pays comme la Corée du Sud, passée en 50 ans du statut de pays en développement à celui de membre de l'OCDE.

L'explication qui vient aussitôt à l'esprit est politique : régime autoritaire et croissance ne font jamais bon ménage. Malheureusement, les études empiriques parviennent à des résultats plus nuancés : si les dictatures les plus répressives sont toujours un obstacle à la prospérité, un renforcement des droits démocratiques n'est pas une solution miracle pour la croissance. On peut même trouver des exemples de pays ayant connu des régimes autoritaires et… un développement économique rapide.

Si la relation est si complexe, c'est sans doute parce qu'il existe différents types de régimes autoritaires, comme l'a montré Anna Krueger. Dans une « dictature prédatrice », le but principal des dirigeants est de mettre le pays à sac, en se partageant les rentes et en bridant toute initiative privée qui leur échappe ; en témoignent les sinistres régimes Marcos aux Philippines (1965-1986) ou Mobutu au Zaïre (1965-1997). Les pays en sortent exsangue : songeons par exemple que le PIB par habitant a régressé à Haïti sous la longue dictature Duvallier (1957-1981). L'histoire se termine en général par la chute du tyran, parfois remplacé par… un autre tyran. Le pays sombre alors dans un cercle vicieux où la misère alimente l'instabilité politique, qui bloque en retour tout développement.

Un autre cas de figure est celui du « dictateur bienveillant » : le gouvernement prive le pays de liberté politique mais adopte une attitude de « laisser faire » sur le plan économique. Les citoyens peuvent faire du business… tant qu'ils ne se mêlent pas des affaires publiques, réservées à une caste. Le gouvernement met progressivement en place des institutions favorables à la croissance, tels que des marchés libres ou un système juridique garantissant les droits de propriété. Si la corruption des élites et la rente existent, elles ne prennent pas la forme d'un pillage généralisé des richesses.

Ce cas de figure ressemble à ce qui a prévalu dans des pays comme la Corée du Sud, Taiwan ou Singapour, avant les années 1990. Ces régimes autoritaires sont souvent stables dans le temps, ce qui est favorable à l'épargne et l'investissement : Lee Kuan Yew a ainsi dirigé Singapour pendant… 31 ans. Plus intéressant encore, ces régimes finissent souvent par être confrontés à une demande de droits démocratiques : c'est la prospérité économique qui ouvre la voie aux revendications de liberté politique.

Dans le cas de Cuba, la punition aura été double : privés de liberté politique, les Cubains n'ont pas même goûté à la liberté économique. Ils leur restent toutefois une chose précieuse : un niveau d'éducation et de capital humain élevé. Espérons que cette richesse les aidera demain à conquérir leurs libertés.

Le retour du troc :
« Echange shampoing contre farine »

Le Venezuela s'enfonce dans une grave crise économique, marquée par la pénurie et l'inflation, et connaît également une dérive politique vers un régime autoritaire, conduit par son Président, Nicolás Maduro. Au fur et à mesure que le pays s'enfonce dans la crise, on voit ressurgir le troc. Sur les réseaux sociaux fleurissent des annonces du type « échange couches contre pâtes » ou « shampoing contre farine ».

Plus aucun Vénézuélien ne veut détenir de bolivars, compte tenu de l'hyperinflation qui sévit. Les chiffres parlent d'eux-mêmes : pour 2016, le FMI prévoit un taux d'inflation de 720 %, ce qui signifie que les prix seront multipliés par 8 cette année. De la pure folie, même si l'on n'a pas encore atteint le record du Zimbabwe dont le taux d'inflation avait atteint en 2007… 1 281 %. Vu d'Europe, qui connaît une inflation proche de zéro, le drame vénézuélien apparaît un peu irréel et à mille lieues de nos préoccupations. Il vient toutefois nous rappeler deux choses essentielles.

Tout d'abord, la monnaie repose entièrement sur la confiance : elle n'a de valeur que parce qu'elle est acceptée par tous, producteurs comme consommateurs, comme intermédiaire des échanges sur un territoire donné. Si le doute vient à s'installer quant à sa valeur future, un cercle vicieux de « fuite devant la monnaie » peut rapidement se mettre en place : les agents économiques commencent par remplacer la monnaie nationale par des dollars, phénomène bien connu en Amérique latine. Puis, ils se mettent à acheter tout ce qu'ils peuvent : détenir 100 kg de pâtes est toujours plus malin que de garder en portefeuille des bolivars dont la valeur se déprécie chaque jour. Au moins, le prix des pâtes augmentera avec l'inflation.

Une spirale auto-réalisatrice se met alors en place : plus les consommateurs achètent de marchandises, plus les prix montent, ce qui les conforte dans leur comportement spéculatif. L'économie de troc se développe et on comprend alors pourquoi la monnaie, géniale invention, est apparue dès les sociétés primitives : dans le troc, celui qui a besoin de pâtes et possède des couches, doit trouver un vendeur de pâtes… qui accepte en retour des couches. Compliqué ! La monnaie évite cette « double coïncidence » des besoins, en jouant le rôle d'intermédiaire permettant d'acheter toutes les marchandises.

Second enseignement : l'hyperinflation ne tombe jamais du ciel ; elle est toujours le résultat d'une politique laxiste, consistant à financer les dépenses publiques par la création monétaire. Mais imprimer de la monnaie, fût-ce en grande quantité, n'a jamais rendu un pays plus riche. En économie, on ne rase jamais gratis très longtemps. Ce qui rend un pays prospère, ce sont les institutions et réformes structurelles qui incitent des millions d'agents économiques à produire efficacement et à investir plus : éducation, santé, liberté économique, lutte contre la corruption, règles de droit, etc. Parmi ces institutions, l'indépendance de la Banque centrale joue un rôle fondamental : elle assure la stabilité des prix et évite que le pouvoir politique ne fasse joujou avec la création monétaire, pour financer des promesses irréalistes. A cet égard, la décision du gouvernement Maduro de reprendre le contrôle de la Banque centrale n'a fait que précipiter le cours des choses.

A l'heure où les populistes de tout bord voudraient en Europe toucher à l'indépendance de la BCE, n'oublions jamais que la monnaie est une institution trop précieuse et fragile pour être laissée entre les seules mains des décideurs politiques.

Chapitre 4

Low cost, numérique...
Les nouveaux
« business models » sont là !

Tous les secteurs de l'économie sont aujourd'hui exposés à la menace de nouveaux « business models », qui viennent redessiner en profondeur les contours et contenus d'un secteur, en prenant souvent appui sur les technologies numériques. A cet égard, l'activité de banque de détail constitue un cas d'école : si elle a jusqu'ici bien résistée en Europe à l'arrivée de nouveaux entrants purement digitaux, en intégrant le on-line dans son propre modèle, elle devra toutefois se réinventer demain, en donnant un nouveau sens à son réseau d'agences physiques. *Dans la banque de détail, la révolution numérique arrive (p. 99).*

Le commerce de détail a également connu de profondes mutations depuis les années 2000, avec la montée en puissance du e-commerce et notamment de *pure players* comme Amazon. Pour autant, il serait naïf de crier à la fin du commerce physique : on-line et offline entretiennent en réalité de fortes relations de complémentarité. On voit même certains *pure players* évoluer vers les magasins physiques, à l'image d'Amazon qui ouvre des librairies : *le e-commerce de demain pourrait bien passer demain par le magasin (p. 101)*.

Si le e-commerce se développe en Europe, il ne concerne pas encore l'ensemble des entreprises françaises, producteurs comme distributeurs. La taille de l'entreprise joue encore un rôle assez discriminant : si 66 % des PME françaises disposent d'un site Internet, 15 % seulement d'entre elles vendent en ligne. Il est urgent de développer *le commerce en ligne pour tous (p. 103)*, afin de permettre à nos entreprises d'élargir leur champ d'action géographique et d'être plus réactives avec leurs clients.

Mais le développement du e-commerce pose parfois question au regard du respect des règles de droit européen. On peut constater que certains sites internet tentent d'ériger des frontières artificielles entre les pays d'Europe, en empêchant les internautes d'aller acheter ailleurs que dans leur pays de domiciliation. *Le commerce en ligne a aussi ses frontières (p. 105)* et ces pratiques de « blocage géographique » sont aujourd'hui dans le viseur de la Commission Européenne.

L'arrivée de nouveaux modèles qui viennent révolutionner de fond en comble un secteur n'a rien de nouveau : on l'a par exemple déjà observé dans le transport aérien, avec l'irruption du modèle *low cost* sur le moyen-courrier, aux Etats-Unis dès les années 1970 puis en Europe à partir des années 2000. Le modèle *low cost*, qui s'est imposé comme un standard sur les vols de moins de 3 heures, n'en finit pas de se réinventer. Il part aujourd'hui à l'assaut du long courrier, segment de marché jusqu'ici réservé aux grandes compagnies classiques. Dans l'aérien, *le low cost c'est la révolution permanente (p. 107)* et on a parfois l'impression que … *l'impossible est toujours possible (p. 109)*.

Autre initiative audacieuse des *low cost* en Europe : ils se lancent dans le connecting, consistant à proposer aux passagers de passer d'un vol à l'autre, sans aller jusqu'à leur garantir une correspondance. Le connecting se développe également avec des compagnies long courrier, les *low cost* leur apportant leur clientèle. *La menace du connecting (p. 111)* vient bousculer les grandes compagnies historiques, qui n'ont pas toute la même réactivité : alors que des entreprises comme IAG, maison-mère de British Airways ont pris très rapidement le virage du *low cost*, d'autres comme Air France peinent à faire évoluer leur modèle et à baisser leur CSKO, c'est-à-dire leur coût de production au siège/kilomètre. *Le CSKO est devenu le nerf de la guerre (p. 113)*.

Face à ces nouveaux modèles, la tentation est grande d'invoquer systématiquement *la « concurrence déloyale » (p. 115)*, au motif qu'ils n'utilisent pas les mêmes stratégies que les acteurs installés : il faut toutefois prendre garde à ne pas assimiler toute différence, toute efficacité supérieure à une forme de concurrence déloyale.

Cela ne signifie pas pour autant que les nouveaux modèles économiques doivent s'affranchir de toute règle, et notamment des règles du jeu qui s'imposent à tous les acteurs. Ainsi en est-il de la fiscalité, à laquelle certains opérateurs américains ont tenté de se soustraire en Europe : la décision en 2017 de la Commission de récupérer 13 milliards d'euros d'impôts non payés par Apple prouve, si besoin est, que *face aux GAFA l'Europe existe… un peu (p. 117)*. De même, face aux nouveaux géants du numérique, la tentation est grande de dénoncer l'apparition de nouveaux monopoles : attention toutefois à ne pas aller trop vite en besogne et à bien définir ce que l'on entend par monopole. *GAFA : vous avez dit « monopole » ? (p. 119)* Au fond, ce qui est grave en économie c'est moins le fait d'être en monopole que d'en abuser par des stratégies qui ne relèvent pas de ses mérites propres : ce n'est pas la position dominante qui est condamnable mais bien *l'abus de position dominante (p. 121)*.

Banque de détail :
La révolution numérique arrive

« Révolution numérique » : personne ne conteste que le digital soit en train de bouleverser de fond en comble notre économie, en redéfinissant le contour des marchés et en modifiant le partage de la valeur ajoutée entre acteurs. On peut toutefois observer que la diffusion du numérique se fait de manière très différenciée selon les secteurs : alors que la musique enregistrée a rapidement et massivement basculé vers le tout digital, d'autres activités comme la banque de détail sont parvenues jusqu'ici à contenir la déferlante. En effet, bien que la banque 100 % en ligne existe depuis maintenant quinze ans dans notre pays, sa part de marché reste à ce jour assez confidentielle – 7 % seulement des Français ayant opté pour une banque virtuelle en 2016. Mais ne nous y trompons pas: si le modèle dominant reste encore celui de la banque de réseau, avec un compte courant domicilié dans une agence physique, la généralisation de l'usage d'Internet a profondément modifié le comportement des clients.

A force d'utiliser Internet au quotidien pour gérer leurs finances, les clients se sont progressivement détachés de leur agence physique, au point de ne plus très bien en percevoir la valeur ajoutée: selon une enquête, seuls 17 % des Français se rendent au guichet plus d'une fois par mois. La promesse de proximité géographique de l'agence bancaire et sa fonction de « réassurance » ont cédé la place à une autre promesse, que le digital remplit pleinement: l'immédiateté, c'est-à-dire la proximité temporelle entre le client et sa banque. Grâce au smartphone et à Internet, chacun d'entre nous peut désormais accéder à ses comptes, en temps réel et n'importe où, sans aucune contrainte de jour ou d'horaires.

Plus encore, la généralisation de l'accès en ligne a modifié l'équilibre de la relation entre le client et son conseiller d'agence : le client est devenu plus autonome dans la gestion quotidienne de ses finances, effectue lui-même certaines opérations courantes, sans avoir à passer par un intermédiaire. Certains clients – souvent les plus éduqués – ont même pu développer à cette occasion leur propre expertise bancaire, faisant ainsi vivre le slogan d'une célèbre publicité : « Mon banquier, c'est moi ».

Mais surtout, les clients savent désormais que le modèle *low cost* de la banque 100 % en ligne existe et qu'il propose des tarifs particulièrement attractifs, notamment en matière de carte bancaire. Par effet de ricochet, ils deviennent plus exigeants avec leur agence, la mettant en demeure de mieux justifier ses prix, souvent multiples et complexes. Cette demande de transparence se nourrit aussi d'une certaine défiance vis-à-vis des offres « packagées » proposées par les banques traditionnelles, alors qu'au même moment les banques 100 % en ligne jouent la carte de la liberté de choix et de la tarification à l'acte.

Nul doute que ces mutations profondes dans les attentes et comportements des clients, au sein même des banques classiques, préparent lentement mais sûrement le terrain pour une nouvelle révolution : celle de la digitalisation radicale de la relation bancaire, avec le basculement demain d'une partie de la clientèle – sans doute la plus éduquée et la plus jeune – vers un modèle de banque 100 % en ligne. Pour les 37 000 agences bancaires qui font déjà face à une baisse de la fréquentation, le plus dur est à venir… sauf à se réinventer de fond en comble.

Le nouveau e-commerce :
« Passe au magasin ! »

La roue du commerce n'en finit jamais de tourner : le rachat en 2018 de l'enseigne de chaussures André et de ses 165 points de vente par le site de vente en ligne Spartoo marque une nouvelle étape dans la (jeune) histoire du e-commerce.

Lorsqu'il est né il y a 20 ans, d'aucun prédisait le déclin à venir des magasins physiques, voués à être progressivement « cannibalisés » par les ventes sur Internet. Cette prédiction s'est révélée plutôt erronée : en 2016, le commerce en ligne, quoiqu'en progression continue, représentait en Europe à peine 10 % du commerce de détail et avoisinait les 15 % aux Etats-Unis. Il est vrai que certains produits ont déserté les boutiques physiques pour migrer vers le *on-line*, à l'image des billets d'avions.

Mais si le commerce physique a globalement plutôt bien résisté, c'est au prix d'une véritable révolution interne. Les grands acteurs de la distribution physique ont joué la carte du on-line, en misant sur la complémentarité et les synergies entre les différents canaux. Ainsi, dans l'alimentaire, le *drive* s'est fortement développé chez des acteurs comme Leclerc ou Auchan, tandis que des enseignes comme la Fnac misaient sur la stratégie du *click and collect*, consistant à acheter un produit sur Internet, avant d'aller le retirer en magasin… et d'y acheter autre chose. Les grandes enseignes ont fait aussi entrer le digital dans leurs murs, en permettant au client de commander sur tablette le produit qui n'était pas ou plus disponible en rayon.

De leur côté, les petits commerçants indépendants ont misé sur la proximité, le service à forte valeur ajoutée pour survivre face à la déferlante du on-line. Le cas des librairies aux Etats-Unis est à cet égard révélateur : à l'arrivée du rouleau compresseur Amazon en 1995, le nombre de librairies a chuté de 43 %… avant de connaître une forte augmentation après 2009, grâce à une stratégie de différenciation, axée sur la sélection des ouvrages, le conseil et la multiplication d'évènements autour du livre, comme le montre une récente étude de l'Université d'Harvard.

Aujourd'hui le e-commerce franchit une nouvelle étape : c'est au tour des *pure players* de faire le pas du magasin en dur, en développant une stratégie « phygitale », contraction de « physique » et « digitale ». Le mouvement a été inauguré dès 2015 par Amazon, avec l'ouverture de librairies aux Etats-Unis et s'est poursuivi avec le rachat des 464 magasins de la chaîne de produits alimentaires Whole Food Markets en 2017.

Si les *pure players* se lancent dans le physique, ce n'est pas seulement pour le moderniser, y apporter leur savoir-faire technologique et digital, leur réactivité et agilité, en innovant par exemple pour réduire le lancinant problème de l'attente aux caisses. C'est aussi et surtout parce qu'ils savent qu'au-delà des technologies, le commerce physique peut redevenir demain ce qu'il n'aurait jamais dû cessé d'être : plus qu'un simple point de vente, un véritable lieu d'expérience et d'échanges. Un lieu où le client peut toucher le produit, le tester, discuter, ressentir, sentir, s'émouvoir. Un lieu où se créé l'actif immatériel le plus précieux pour tout commerçant, depuis la nuit des temps : la fidélité.

Le commerce en ligne… pour tous

Amazon a annoncé en 2017 l'embauche de 1 500 personnes en CDI dans notre pays, preuve s'il en est de la forte croissance des ventes en ligne. Pour les offreurs, le e-commerce est devenu un levier incontournable de croissance et de compétitivité.

Du côté des distributeurs, certains ont fait le choix du tout online – les *pure players* comme C-Discount – tandis que les grandes enseignes physiques disposent désormais de leur boutique en ligne. Elles misent notamment sur la stratégie « omnicanale », consistant à combiner ventes online et offline : ainsi, le *click and collect* permet au client de commander en ligne, avant de retirer le produit dans un point de vente. Symétriquement, le e-commerce s'invite dans le magasin physique, en incitant le client qui ne trouve pas le produit en rayon à commander en ligne sur le site du magasin ou d'un partenaire. Canaux online et offline se renforcent mutuellement, au point même qu'un *pure player* comme Amazon ouvre aujourd'hui aux Etats-Unis des… librairies physiques. Les grands distributeurs développent aussi leur activité de « place de marché », utilisant leur notoriété pour mettre en relation directement vendeurs et clients : si le site Amazon offre 2,8 millions de produits, la marketplace en propose pas moins de… 285 millions !

De leur côté, les grands producteurs ont aussi vite compris tout le parti qu'ils pourraient tirer des ventes en ligne. Le e-commerce leur permet d'adresser directement le client final, en s'épargnant la marge d'un intermédiaire. Ainsi, en 2015, Lufthansa a fait le choix de favoriser les ventes sur ses sites, en n'hésitant pas à appliquer une surcharge de 16 euros sur les réservations effectuées via des distributeurs. Plus encore, la vente en direct permet de recueillir de précieuses données sur les clients, qui pourront ensuite être ciblés sur des offres et tarifs spécifiques.

Mais alors où est le problème ? Si les grands distributeurs et producteurs se sont largement lancés dans le e-commerce, ce phénomène ne touche pas encore l'ensemble de nos entreprises, et notamment les plus petites d'entre elles. Les chiffres parlent d'eux-mêmes : en 2016, si 66 % des PME françaises disposent d'un site Internet, 15 % seulement d'entre elles vendent en ligne. Le e-commerce constituerait pourtant un formidable levier pour nos TPE et PME. Par exemple, un boucher disposant d'un magasin physique pourrait élargir sa clientèle au-delà de sa zone de chalandise naturelle, grâce aux commandes en ligne, voire exporter. Le e-commerce lui permettrait aussi de mieux répondre aux attentes de ses clients locaux, qui passeraient leurs commandes sur leur smartphone avant de procéder au retrait dans la boucherie ou d'être livré à domicile. De même, des petits producteurs et artisans peuvent se regrouper et entrer directement en contact avec les clients finaux, notamment en passant par une place de marché ou en utilisant habilement les réseaux sociaux.

Selon une étude de la Fevad en 2016, si les PME ont parfaitement conscience des gains à attendre du e-commerce, elles invoquent toutefois de réels freins tels que le manque de temps et de compétences, ainsi que le coût. N'est-il pas temps que les pouvoirs publics donnent le coup de pouce qui permettra de faire demain du e-commerce un levier de croissance et d'internationalisation pour nos TPE, PME, artisans, et commerçants ?

Le commerce en ligne
a aussi ses frontières

Avec une progression annuelle de 14 % et des ventes qui ont dépassé les 230 milliards d'euros en 2016, le succès du commerce en ligne ne se dément pas en Europe. Pour les producteurs, le e-commerce constitue un puissant relais de croissance et de compétitivité, comme nous l'avons montré dans notre précédente chronique. Du point de vue des clients, le e-commerce offre également de nombreux avantages : facilité et rapidité de la commande, notamment grâce au mobile, ouverture des magasins 24 heures/24 et 7 jours sur 7, diminution des coûts de recherche, élargissement de la gamme des produits, désenclavement des zones rurales, possibilité de retrait en magasin avec le « click and collect », etc.

Bref, le commerce en ligne est venu redonner un peu de pouvoir aux consommateurs, notamment en facilitant les comparaisons. Les études empiriques montrent à cet égard que le e-commerce constitue un nouveau vecteur de concurrence, conduisant à des baisses de prix par rapport à ceux pratiqués dans les magasins en dur, même si leur ampleur apparaît variable selon les secteurs : forte dans l'assurance vie – jusqu'à 15 % - plus limitée dans l'automobile – de l'ordre de 1,5 %.

Pour autant, il serait naïf de penser que le e-commerce est un espace pleinement transparent, notamment en matière tarifaire. Les comparateurs de prix n'ont pas mis fin à certaines pratiques commerciales trompeuses… venues du monde des magasins physiques. Ainsi, en 2017, 19 entreprises d'e-commerce ont été condamnées en France à 2,4 millions d'euros pour avoir fait de fausses promotions sur Internet, en augmentant artificiellement le prix de référence à la hausse pour pouvoir afficher un pourcentage de remise plus attractif. De même, les vendeurs en ligne utilisent parfois la technique de la « publicité appât » (« bait and switch »), en mettant en avant un produit à bas prix qui n'est en réalité pas disponible ou dont la qualité est dégradée, dans le seul but d'attirer le client sur le site. Ils peuvent également multiplier les références et versions d'un même produit, afin de compliquer les comparaisons de prix, avec d'autres sites en ligne ou des magasins physiques.

Le e-commerce n'est pas non plus un espace sans frontières, au sein duquel les consommateurs se déplaceraient sans restrictions ni contraintes. En particulier, la pratique du « blocage géographique » interpelle : elle consiste à refuser l'accès au site, le paiement ou la livraison, au motif que le client réside dans un autre pays de l'Union, en le redirigeant parfois vers le site de son pays de résidence. Le blocage géographique, qu'il émane des magasins en ligne eux-mêmes ou des producteurs avec lesquels ils sont engagés contractuellement, semble assez répandu en Europe, si l'on en croit les résultats de l'enquête sectorielle de la Commission européenne (2017) : 36 % des distributeurs en ligne de produits restreindraient les ventes transfrontalières et ce pourcentage s'élèverait même à 68 % pour des contenus digitaux comme les films !

Bref, Internet n'a pas mis fin à l'éternelle tentation des entreprises d'ériger des barrières privées, dont la justification apparaît discutable, pour limiter… la concurrence. Le grand marché européen du commerce en ligne ne se fera pas demain sans l'intervention de la main visible… des pouvoirs publics.

Le low cost ou la révolution permanente

Le groupe IAG, maison mère de British Airways, Iberia et Vueling a lancé en septembre 2017 sa nouvelle compagnie Level, à l'assaut du ciel américain, en opérant le premier vol entre Barcelone et Los Angeles. Un vol long-courrier en mode… *low cost*.

Notons d'emblée que cette initiative n'émane pas d'un nouvel entrant mais d'un opérateur historique. Il n'y a donc pas d'un côté les compagnies 100 % *low cost*, qui auraient l'audace et l'insouciance de la jeunesse, et de l'autre les compagnies traditionnelles, limitées au seul créneau du « premium » ou condamnées à l'immobilisme. Il est possible, à l'intérieur d'un même groupe, de conjuguer haut de gamme et *low cost*, d'adresser des passagers à forte contribution et une clientèle sensible au prix, dès lors que le périmètre des marques, des modèles et des marchés est clairement délimité. IAG n'en est d'ailleurs pas à son premier coup d'essai : il y a quelques années déjà, le groupe anglais a investi avec succès le *low cost* moyen-courrier, en rachetant Vueling, devenue… la troisième *low cost* en Europe.

L'initiative du groupe IAG témoigne tout d'abord d'une réelle prise de risque, toutes les tentatives de *low cost* sur le long courrier – depuis la première expérience du « Skytrain » dans les années 1970 – ayant jusqu'ici échoué. Mais ce qui n'a pas marché hier pourrait bien fonctionner demain. Du côté de la demande, les consommateurs ont profondément changé : ils ont pris l'habitude de voyager en mode *low cost* sur le moyen-courrier, avec des options payantes ; ils sont prêts à recevoir moins en échange d'un prix bas, dès lors que la sécurité des vols est assurée.

Du côté des coûts, des leviers tels que la productivité des appareils – faire voler les avions plus longtemps sur l'année – n'ont pas été encore complètement explorés. Plus fondamentalement, le meilleur moyen de savoir si le modèle *low cost* peut être viable sur le long courrier, c'est encore… d'essayer ! Surtout lorsque de nouveaux concurrents comme Norwegian se lancent dans l'aventure : IAG se dit qu'il vaut mieux être là, pour ne pas laisser le champ libre à un concurrent redoutable, au cas où le modèle rencontrerait la voie du succès. Dans un monde disruptif, la meilleure défense reste l'attaque.

Dans l'aérien, l'impossible est toujours possible

Une nouvelle compagnie aérienne, French Blue, va prendre son envol dans le ciel français en 2016. Sa spécificité ? Proposer du long courrier… en mode *low cost*. Le pari est osé: depuis la tentative de Skytrain de Freddy Laker en 1977, les expériences se sont multipliées sans que personne ne trouve jusqu'ici la solution gagnante. Mais dans l'aérien, il ne faut jurer de rien : les échecs d'hier ne préjugent pas de succès futurs, et ce d'autant que le moment est propice pour « tenter sa chance ».

En effet, le *low cost* aérien est aujourd'hui entré dans les mœurs : tout le monde connaît easyJet – pour ne citer qu'elle – qui quadrille le ciel européen avec ses 300 Airbus. Les consommateurs ont pris l'habitude de raisonner en rapport qualité/prix : dès lors que l'essentiel – sécurité et ponctualité – est assuré, sacrifier l'accessoire n'est plus un problème si, en contrepartie, le prix du billet est attractif. Surtout lorsque l'accessoire est proposé sous forme d'options payantes. Le *low cost* long courrier peut donc prendre appui aujourd'hui sur ce terreau favorable : tout l'enjeu consistera à trouver le bon compromis entre qualité minimale – sur un vol de plus de 5 heures un certain confort est à l'évidence attendu – et prix suffisamment bas pour susciter l'envie de voyager.

Ensuite, sur le long courrier, le *low cost* devra faire preuve d'imagination pour trouver le chemin de la rentabilité : il ne se résumera pas à un simple « copié-collé » de ce qui a fait son succès sur les vols intra-Europe. Les contraintes ne sont d'ailleurs pas les mêmes : ainsi, le demi-tour en moins de 30 minutes, clé du succès sur courte distance, n'est pas transposable sur longue distance. Si, du côté des revenus, les options payantes resteront fondamentales (sur un long courrier, les clients sont prêts à payer pour se divertir), de nouveaux leviers de baisse de coût pourront être explorés : utilisation intensive des appareils malgré la saisonnalité de la demande, choix d'un aéroport secondaire à proximité d'une grande zone de chalandise, etc. Il est toutefois peu probable que les baisses de coût obtenues soient aussi spectaculaires que celles observées – de l'ordre de 60 % – sur le moyen-courrier.

Enfin, le transport aérien fourmille depuis 2015 de nouvelles initiatives sur le long courrier : en Europe, Norwegian et Wow Airlines sont partis à l'assaut de routes transatlantiques en mode *low cost*, tandis que Lufthansa a lancé Eurowings sur des destinations loisirs lointaines. En Asie, Jetstar, Scoot, AirAsiaX testent le marché, à la faveur de nouveaux appareils comme le B787. Quand plusieurs concurrents explorent en même temps un nouveau modèle économique, il est judicieux d'en faire partie, pour ne pas se laisser distancer : si le marché se révèle être une niche rentable, il n'y aura pas de place pour tous, sauf à… racheter un pionnier.

L'aérien est un univers impitoyable, où les retards se paient au prix fort. Le pavillon français en sait quelque chose, qui a perdu 14 points de part de marché en dix ans, notamment pour n'avoir pas misé à temps sur le *low cost* en Europe. A cet égard, la récente décision d'Air France KLM de monter en puissance sa filiale Transavia va dans le bon sens, celui de l'histoire. Mais suffira-t-elle pour rattraper le retard et faire demain jeu égal avec les nouveaux géants du ciel européen ?

Long courrier :
La menace du *connecting*

Après Ryanair, qui a signé en 2017 un accord avec Air Europa pour des vols au départ de Madrid, après le groupe IAG, qui met désormais en connexion ses filiales *low cost* Vueling et Level sur Barcelone, easyJet se lance à son tour dans l'aventure du *connecting*, en annonçant un partenariat avec Norwegian et WestJet sur l'aéroport de Londres Gatwick, pour partir à l'assaut des Amériques. L'ambition des *low cost* européennes n'est plus seulement d'offrir un Stockholm/Naples en faisant un stop à Rome, mais de proposer demain d'aller de Hambourg à New York, en passant par… Londres.

Jusqu'à présent, le marché du long courrier s'est construit autour de *hubs*, ces grandes plaques tournantes qui desservent le monde entier et sont alimentées par des vols d'apport court et moyen courrier. Les *hubs* proposent aux clients un large portefeuille de correspondances, en leur garantissant un délai de transit réduit et facilité entre deux vols, notamment par le transfert automatique de leurs bagages, un seul processus de réservation, un seul billet de bout en bout, ainsi qu'une prise en charge totale en cas d'imprévu.

Ce modèle implique une complexe et coûteuse organisation des vols, qui se retrouve *in fine* dans le prix du billet. Il convient parfaitement à une clientèle business, dont l'objectif principal est de minimiser les temps d'attente, quitte à payer plus cher. Les compagnies historiques ont toutes bâti leur puissance autour d'un grand *hub*, à l'image d'Air France sur Roissy ou de Lufthansa sur Francfort.

En se lançant dans le *connecting* long courrier, les easyJet, Ryanair et Vueling viennent remettre en cause ce modèle et font un audacieux pari : ils considèrent que la grande taille d'un aéroport offre naturellement aux clients un large choix de destinations, sans qu'il soit besoin de l'organiser en *hub*. Le *connecting*, c'est en quelque sorte la correspondance auto-organisée par le client. Ce dernier peut certes être aidé dans sa tâche, par exemple en lui proposant un seul processus de réservation ou un transfert de son bagage sur le second vol. Mais, à la différence d'une vraie correspondance, le *connecting* implique un délai d'attente entre deux vols, qui peut atteindre plusieurs heures.

Certains passagers — notamment des clients « loisir » — sont prêts à accepter cet allongement du temps total de parcours, en échange d'un prix du billet plus bas. Surtout si le temps d'attente peut être mis à profit pour faire du shopping, surfer sur Internet ou se reposer dans un salon (payant) de l'aéroport. Pour les compagnies *low cost*, la connexion vers des vols long courrier permet d'attirer de nouveaux clients dans leurs avions et d'augmenter ainsi leur taux de remplissage, sans désoptimiser leur plan de vol et leurs cadences.

Pour l'heure, le *connecting* vers du long courrier *low cost* reste un marché balbutiant et ne constitue pas une vraie menace pour les compagnies historiques. Et ce d'autant que le *low cost* long courrier n'a pas encore fait la preuve de sa rentabilité, le leader Norwegian accumulant par exemple les pertes. Mais dans l'aérien, tout peut changer très vite. Surtout si les connexions entre *low cost* s'invitent demain sur de grands *hubs* européens… comme Francfort ou Roissy.

Air France : Implacable CSKO !

Alors qu'Air France a réduit en 2015 la voilure sur le long courrier, il n'est pas inutile de revenir sur l'origine du problème. Elle tient en quatre lettres : CSKO. Coût au Siège Kilomètre Offert.

Le CSKO consiste à rapporter les coûts opérationnels d'un vol au nombre de sièges dans l'avion et à la distance parcourue. Il s'agit d'un bon indicateur de productivité, qui permet, sur une distance équivalente, de comparer les performances entre compagnies.

Prenons le cas du moyen-courrier. Si l'on en croit le cabinet CAPA, sur une distance de 1 000 kilomètres, easyJet afficherait en 2015 un CSKO de 6 centimes, fuel inclus, quand Air France serait à 11 centimes, soit un écart de 45 %. Sur le long courrier, le CSKO d'Emirates ou Turkish serait 30 % inférieur à celui d'Air France, sur une distance de 6 000 kilomètres. Même par rapport à British Airways, l'écart de CSKO reste significatif, d'au moins 15 %. Si l'on raisonnait hors fuel, c'est-à-dire sur les coûts pilotables, les écarts seraient encore plus marqués.

Quand une compagnie affiche un CSKO élevé, trois options sont possibles pour revenir dans le marché. La première est d'attendre que les coûts des concurrents dérivent, comme cela a été observé aux Etats-Unis avec Southwest Airlines. Mais cette option relève de l'illusion en Europe : easyJet multiplie les services à valeur ajoutée sans pour autant altérer sa base de coût unitaire. Montée en gamme de l'offre ne rime pas forcément avec « embourgeoisement ». La seconde option consiste à compenser des CSKO plus élevés par des recettes au siège/kilomètre (RSKO) plus importantes et donc… des prix plus élevés que les concurrents. Cette stratégie existe déjà et trouve vite sa limite sur le moyen-courrier : le client regarde d'abord le prix, dès lors que l'impératif de sécurité des vols est rempli. Sur le long courrier, l'image de marque de la compagnie, la qualité des services offerts et du réseau, l'existence d'un programme de fidélité sont certes de précieux atouts mais cette « prime » n'est pas infinie et le client est aussi regardant sur les prix… surtout lorsque les concurrents asiatiques et du Golfe misent eux-mêmes sur la qualité de service.

Dernière option : diminuer le CSKO. Sur le moyen-courrier, la solution est de passer sans état d'âme et à grande échelle sur un modèle *low cost*, au moins pour les vols en point à point : c'est ce qu'a fait BA avec sa filiale Vueling, qui aligne déjà 100 Airbus dans toute l'Europe ; c'est ce que fait aujourd'hui plus timidement Air France avec Transavia, sans avoir pu toutefois concrétiser le projet Transavia Europe.

Sur le long courrier, la baisse des coûts unitaires passe par une flotte d'avions modernes, une renégociation avec les sous-traitants, une diminution des frais généraux et coûts salariaux, que ce soit au niveau du sol ou du personnel navigant. Une méthode extrême est celle utilisée par British Airways lorsqu'elle a repris Iberia : une baisse du salaire des pilotes de… 14 % !

Une méthode plus pragmatique consiste à augmenter les temps de travail, pour des rémunérations similaires. Ne nous y trompons pas : si le plan B d'Air France est opportun aujourd'hui, en permettant de couper les lignes déficitaires, les gains de productivité restent une étape obligée pour revenir dans les standards de coût du marché et… retrouver demain le chemin de la croissance.

Entrée de nouveaux acteurs :
Concurrence vraiment déloyale ?

En 2015, la Commission européenne a infligé une sanction à Starbuck et Fiat pour avoir bénéficié d'aides d'Etat illégales, en obtenant des avantages fiscaux des Pays-Bas et du Luxembourg. Notion juridique au départ, qui s'applique à des situations bien précises telles que le dénigrement, la « concurrence déloyale » est devenue aujourd'hui le maître-mot de ceux qui dénoncent les méfaits supposés de la mondialisation ou des nouveaux modèles économiques. Deux phénomènes qui viennent rompre les équilibres établis et déstabiliser les opérateurs installés. Mais où commence et où s'arrête la concurrence déloyale ?

Lorsqu'un nouvel acteur opère sur le sol européen au mépris des règles de l'Union qui s'imposent à tous, on peut à juste titre parler de « concurrence déloyale ». Tel est le cas d'une entreprise qui parvient à échapper à l'impôt alors qu'elle est implantée en Europe : à cet égard, les décisions de la Commission à l'encontre de Starbuck et Fiat sont venues rappeler que des avantages fiscaux sélectifs devaient être considérés comme… des aides d'Etat illégales. De même, une entreprise qui parvient à baisser ses prix au seul motif qu'elle viole le droit du travail ou de la consommation en Europe, bénéficie d'un avantage indu par rapport à ses concurrents.

Mais a contrario, il est problématique de parler de « concurrence déloyale » lorsqu'une entreprise non européenne exporte chez nous ses produits à des prix bas, simplement parce que les conditions de production dans son pays sont avantageuses. En effet, cela revient à considérer qu'il est illégitime pour un pays en développement ou émergent de tirer parti de son principal avantage comparatif. Notre propre coût de production ne doit pas devenir la mesure de toute chose, sauf à considérer comme « déloyal » tout opérateur étranger ayant un coût inférieur au nôtre ! Doit-on reprocher à un producteur chinois le fait que les salaires soient plus faibles à Pékin qu'en Europe ? Peut-on reprocher aux compagnies du Golfe de bénéficier dans leurs pays d'origine d'un pétrole à bas prix ? Les pays « à bas coût » seraient d'ailleurs fondés à nous retourner l'argument, en invoquant la « concurrence déloyale » de nos entreprises qui exportent chez eux grâce… à notre avantage comparatif dans la technologie.

De la même manière, invoquer la « concurrence déloyale » à chaque fois qu'un nouvel acteur est plus efficace ou différent de ceux déjà sur le marché, revient à vider la notion de concurrence de toute substance. La concurrence ne signifie pas que les opérateurs doivent être identiques, c'est-à-dire opérer avec les mêmes coûts ou les mêmes modèles. Prenons l'exemple des compagnies *low cost* : il est simpliste de considérer que leur performance repose d'abord sur une violation supposée des règles du jeu, que ce soit fiscales ou sociales. Si tel était le cas, une compagnie comme Transavia France, qui n'a jamais poser problème au regard des règles européennes, ne devrait pas afficher un coût au siège aussi compétitif. En réalité, la force des *low cost* réside d'abord dans leur grande efficacité opérationnelle.

N'oublions pas que le terme concurrence se dit en anglais *competition* : dans une compétition sportive, on ne demande pas aux joueurs de jouer de la même manière mais de respecter les mêmes règles du jeu. Les exploits d'un Lionel Messi ne relèvent pas de la concurrence déloyale mais… du talent, c'est-à-dire de la concurrence par les mérites. Toute différence, toute efficacité supérieure ne doit pas être considérée comme de la concurrence déloyale !

Face aux GAFA, l'Europe existe (un peu) !

En 2016, la Commission a infligé une sanction de 13 milliards d'euros à Apple pour avoir bénéficié d'aides d'Etat illégales, en obtenant des avantages fiscaux de l'Irlande. Si cette décision n'est pas une première, elle marque les esprits par l'importance du montant et la renommée de l'entreprise. Cette Europe qui fait peu de bruit mais avance d'un pas déterminé, c'est celle de la politique de concurrence, incarnée par la puissante Margrethe Verstager. Une politique souvent méconnue de nos concitoyens et parfois injustement brocardée par nos décideurs politiques.

La politique de concurrence a un premier mérite, celui de reposer sur des règles du jeu explicites. La décision à l'encontre d'Apple et de l'Irlande n'a en effet rien d'une mesure discrétionnaire, sortie du chapeau ; elle découle de la législation sur les aides d'Etat, gravée dans le marbre par l'article 107 du Traité sur le fonctionnement de l'Union européenne interdisant les aides « qui faussent ou qui menacent de fausser la concurrence en favorisant certaines entreprises ou certaines productions ». En clair, accepter qu'une entreprise bénéficie d'un traitement fiscal préférentiel reviendrait à lui octroyer un avantage artificiel, qui ne repose pas sur ses mérites propres, dans la compétition avec ses rivales. Il est donc assez logique d'exiger le remboursement des aides indues.

Plus encore, la politique de concurrence ne discrimine pas selon la nationalité des entreprises : peu importe qu'une aide d'Etat, un abus de position dominante, une entente ou une fusion soit mis en œuvre ou profite à une entreprise française, américaine ou chinoise ; l'important est que la pratique ait affecté le continent européen. L'Europe a ainsi les moyens de faire respecter ses propres règles sur son propre territoire, y compris à l'encontre d'entreprises non européennes.

Tout comme le font d'autres pays, à l'image des Etats-Unis, qui ne s'est par exemple pas privée d'infliger une amende de 9 milliards de dollars à BNP Paribas pour violation des règles américaines sur l'embargo. L'Europe n'est donc pas, comme le prétendent certains, « l'idiot du village mondial », impuissant face aux stratégies d'optimisation d'entreprises globales. D'ailleurs, dans un autre registre, celui des fusions-acquisitions, l'Europe vient d'ouvrir une enquête sur un projet de mariage entre deux géants de l'industrie chimique américaine, Dow et DuPont, au motif que cette opération pourrait réduire la concurrence dans les semences et affecter ainsi négativement… les agriculteurs européens. La politique de concurrence se fait ici le défenseur de la compétitivité de nos producteurs.

Enfin, la politique de concurrence vient rappeler aux populistes de tout poil que l'« Europe ultralibérale sans foi ni loi » n'existe pas : en réalité, l'Europe, vaste marché où les marchandises circulent librement, est structurée par des règles du jeu. Le marché n'est pas fatalement une jungle, dès lors que la main visible des pouvoirs publics s'en mêle. Mais cette intervention n'a rien d'un interventionnisme brouillon et à la petite semaine : il fixe un cadre commun, laisse jouer les entreprises et, le cas échéant, sanctionne celles qui violent les règles du jeu. Marché et régulation ne s'opposent pas mais se complètent.

Une Europe qui agit collectivement et fait respecter ses propres règles est donc possible. Elle existe déjà… au moins dans le domaine de la concurrence

GAFA : Vous avez dit « monopoles » ?

A l'heure où l'économie numérique a vu l'apparition de nouveaux géants comme Facebook, Amazon ou Google, la tentation est grande de parler de nouveaux « monopoles ». Attention toutefois à ne pas aller trop vite en besogne, la notion de monopole étant plus subtile qu'il n'y paraît.

Si l'on s'en tient à une définition littérale, le monopole est une situation dans laquelle une entreprise dispose du « privilège, de droit ou de fait, de fabriquer ou vendre seul certains biens ou certains services, à l'exclusion de tout concurrent » (Larousse). En d'autres termes, on est en monopole quand on est tout seul sur le marché. Cette définition n'est pas fausse mais elle est doublement incomplète.

Pour parler de monopole, il faut au préalable définir les contours du marché sur lequel évolue l'entreprise. Le fait d'être seul à vendre un produit ne signifie pas que l'on est seul sur le marché, dès lors qu'existent des solutions alternatives et équivalentes pour les clients. Prenons l'exemple de la SNCF : il n'est pas discutable qu'elle est le seul opérateur de transport ferroviaire de passagers entre Paris et Bordeaux. Est-elle pour autant en situation de monopole ? Rien n'est moins sûr, si l'on considère que l'avion peut constituer une alternative crédible au TGV, que ce soit en termes de prix ou de temps total de trajet. Un avion n'est pas un train mais les deux moyens de transport peuvent satisfaire le même besoin, celui de se déplacer rapidement d'une ville à une autre. Le fait que les compagnies aériennes aient un œil attentif sur les tarifs du TGV pourrait d'ailleurs être un indice de leur proximité concurrentielle.

Ensuite, ce qui est important pour un monopole, ce n'est pas tant d'être seul que de pouvoir pratiquer des prix élevés par rapport à ses coûts, sans risquer de perdre ses clients. Une entreprise seule mais menacée en permanence par l'entrée de nouveaux opérateurs n'est pas un monopole puisqu'elle n'en a pas le pouvoir. Le vrai monopole est celui qui est protégé, dans une certaine mesure, par des barrières à l'entrée. Elles peuvent être légales, par exemple lorsqu'une entreprise se voit octroyer temporairement un brevet. Elles peuvent aussi résulter des caractéristiques du marché : ainsi, lorsque les coûts fixes sont élevés, lorsque la notoriété d'une marque est importante, lorsqu'existent de puissants effets de réseau comme dans le cas des plateformes, il est plus difficile pour un concurrent de venir contester un monopole.

Mais au-delà de la définition des monopoles, faut-il s'inquiéter de leur éventuelle résurgence ? Tout dépend de la manière dont les entreprises ont acquis et pérennisent cette position de domination. Si elle résulte du seul fait que leurs produits sont les meilleurs aux yeux des clients, alors le monopole est juste la conséquence logique… de la concurrence, comme le soulignait Schumpeter en son temps. On ne peut vouloir la concurrence, c'est-à-dire littéralement en anglais la « compétition », et refuser ensuite son résultat, qui peut être la suprématie d'une entreprise sur le marché. Mais on doit être certain que cette domination ne perdure pas dans le temps au travers de pratiques artificielles de verrouillage du marché. Ce qui est condamnable, ce n'est pas la position dominante, c'est son abus.

Position dominante : Dessine-moi un abus

La notion de monopole – et plus généralement de position dominante – est délicate à apprécier, y compris dans l'univers du numérique et des plateformes : une forte part de marché n'est pas toujours synonyme d'un fort pouvoir sur le marché. En la matière, il faut toujours raisonner au cas par cas.

Supposons que la position dominante d'une entreprise sur le marché soit établie. A partir de quel moment doit-on considérer qu'elle en abuse ? Difficile question, qui revient à tracer une frontière entre ce qui relève de la domination « normale » et ce qui est injustifié. L'abondante jurisprudence européenne sur l'article 86 du Traité de Rome – devenu l'article 102 du Traité sur le fonctionnement de l'Union européenne (TFUE) – nous fournit des éléments de réponse.

Un premier cas de figure est représenté par les « abus d'éviction » : l'entreprise dominante va empêcher un concurrent de se développer, voir le pousser vers la sortie, en utilisant des moyens qui ne sont pas directement liés à ses mérites propres, c'est-à-dire à la cause de sa domination. Imaginons par exemple qu'une entreprise lance un produit innovant et très apprécié par les clients. Elle va fort logiquement conquérir une grande partie du marché, disons 70 %. Mais si elle décide de nouer avec ses clients, fussent-ils d'accord, une relation d'exclusivité, son comportement devient abusif puisqu'elle ferme 30 % du marché aux concurrents. Même chose avec la pratique des ventes liées. Une entreprise peut utiliser sa domination sur le marché A, acquise grâce à ses mérites, pour conquérir un marché B, sur lequel elle n'est pas encore dominante, en liant les deux produits. Comme les clients ont besoin de son produit, l'entreprise dominante va réduire de manière artificielle la concurrence sur le marché B. Au-delà de ces deux exemples, la liste des pratiques d'éviction est longue : prix « prédateurs », dénigrement, remises de fidélité, etc.

Un second cas de figure, moins connu, est celui des « abus d'exploitation». Une entreprise dominante va profiter de sa position privilégiée pour pratiquer envers ses clients des prix ou des conditions «inéquitables », pour reprendre les termes mêmes de l'article 102. Par exemple, elle peut vendre son produit très cher, par rapport à son coût de production. Mais à partir de quel seuil peut-on dire qu'un prix devient «excessif » ? L'économiste est de prime abord sceptique : on ne peut accepter le principe de la position dominante et refuser à l'entreprise dominante le droit d'en tirer tous les fruits ! Mais une approche plus pragmatique consiste à s'interroger sur des comportements de hausses de prix difficilement explicables : bien que les conditions du marché n'aient pas changé, le prix a subitement explosé.

Tel est le cas dans deux affaires antitrust traitées en 2016, l'une en Italie, l'autre au Royaume-Uni : des laboratoires pharmaceutiques ont été condamnés pour avoir augmenté le prix de médicaments, sans justification objective. Il faut dire que la hausse de prix n'avait rien d'anecdotique : en Italie, elle atteignait…1 500 %. Sans qu'il soit besoin d'adhérer à la doctrine du «juste prix » de Saint Thomas d'Aquin, on peut sans peine convenir qu'il s'agit là d'une pratique… abusive.

Chapitre 5

Remettre l'Etat à sa vraie place : Protéger, libérer, réguler

En France, l'Etat a trop souvent la fâcheuse habitude de se mêler de tout, et surtout de questions économiques. Pourtant, force est de constater que les résultats obtenus ne sont pas à la hauteur des moyens budgétaires déployés : en dépit d'une dépense publique qui atteint 57 % du PIB, la France connaît depuis 30 ans le chômage de masse et abrite 8,8 millions de pauvres. A force de vouloir tout faire, l'Etat ne fait rien parfaitement. Il est urgent de le recentrer sur ses missions fondamentales.

Adam Smith, au travers de la notion d'*Etat gendarme* (p. 127), nous rappelle que «le premier devoir du souverain» est de «protéger la société contre la violence et l'invasion d'autres sociétés» ; le second, de «protéger la société contre l'injustice ou l'oppression de tout autre membre». Le troisième et dernier, d'«élever et entretenir des ouvrages publics», l'auteur y incluant «la dépense des institutions pour l'éducation publique». Défense nationale, police, justice, éducation ; ajoutons-y la santé : voici les missions essentielles d'un Etat moderne dans une économie de marché. Avant de vouloir se mêler d'autre chose, assurons-nous déjà que notre Etat remplit pleinement ces fonctions.

L'une des fonctions de l'Etat est d'offrir aux citoyens un service public – école, hôpitaux, transports collectifs, etc... - cette mission de service public n'implique pas pour autant que l'Etat soit en monopole sur cette activité ou qu'il la propose au travers d'une entreprise publique. L'assimilation entre service public, capital public et monopole public est fausse : la seule chose qui importe est que le service public soit *au service du public (p. 129)*. Dans certains cas comme le ferroviaire, la concurrence peut améliorer la qualité du service public, en diminuant les prix et en augmentant la qualité des prestations (sécurité, ponctualité, etc...).

L'Etat doit également résister à la tentation du *malthusianisme économique (p. 131)*, consistant à limiter artificiellement l'entrée sur le marché de nouveaux acteurs. Cette politique prend appui sur l'idée erronée selon laquelle l'arrivée de nouveaux acteurs se ferait au détriment de la qualité des produits et des prestations. Elle profite en réalité aux entreprises installées qui acquièrent une rente de rareté, injustifiée. Le cas du notariat illustre parfaitement cet tentation de l'immobilisme de la part des pouvoirs publics : il aura en effet fallu attendre *57 ans pour une réforme (p. 133)*, à la faveur de la loi Macron de 2015, qui consacre le principe de liberté d'installation pour les jeunes notaires. Le rôle de l'Etat aujourd'hui est donc d'ouvrir les marchés qui restent encore bridés par des réglementations obsolètes : il faut faire vivre le principe du « *laissez faire, laissez entrer* » *(p. 135)*. L'essor de l'économie collaborative est à cet égard éclairant : l'enjeu n'est pas de bloquer les nouveaux modèles mais de *disrupter nos réglementations (p. 137)*. Plutôt que de faire entrer le neuf dans l'ancien, faisons du neuf avec du neuf.

Lorsqu'il agit en matière économique, l'Etat doit également résister à la tentation des discours simplistes. Son action doit être en permanence guidée par une grille de lecture en termes de coûts et de bénéfices. Ainsi, dans le cas de la lutte contre la pollution ou la vitesse sur route, il est démagogue de se fixer comme objectif la « pollution zéro » ou la « mortalité zéro ». Le véritable enjeu est de savoir quels sont les gains et les coûts d'un renforcement de la lutte contre la pollution ou *d'une limitation de vitesse sur les routes (p. 139)*. En effet, si l'on voulait supprimer toute pollution automobile ou tout accident sur les routes, il faudrait alors interdire… toute circulation. Le bénéfice d'une telle décision serait à l'évidence largement inférieur au coût pour notre société.

De même, en matière de *lutte contre le cannabis (p. 141)*, les pouvoirs publics se sont trop longtemps enfermés dans une posture idéologique, celle de la prohibition, alors même que toutes les études empiriques montrent que la prohibition est un échec complet. Il est temps de penser à des mesures efficaces mais pragmatiques en matière de drogue, en injectant dans nos politiques publiques une dose d'économie.

Lorsque les sujets sont idéologiquement sensibles et que l'Etat entend réformer, une piste prometteuse est celle de l'expérimentation : l'Etat teste une mesure au niveau local, afin de démontrer concrètement les bénéfices attendus. Tel est le cas de sujets polémiques comme *l'ouverture dominicale des commerces (p. 143)* ou *l'ouverture nocturne des bibliothèques (p. 145)*.

Etat gendarme

Dans *La Richesse des Nations*, Adam Smith nous rappelle que « le premier devoir du souverain » est de « protéger la société contre la violence et l'invasion d'autres sociétés » ; le second, de « protéger la société contre l'injustice ou l'oppression de tout autre membre ». Le troisième et dernier, d'« élever et entretenir des ouvrages publics », l'auteur y incluant « la dépense des institutions pour l'éducation publique ».

Défense nationale, police, justice, éducation ; ajoutons-y la santé : voici les missions essentielles d'un Etat moderne dans une économie de marché. Avant de vouloir se mêler d'autre chose, est-on sûr que notre Etat remplit pleinement ces fonctions ? A l'évidence non.

Pour déterminer le « bon » niveau de dépense publique à affecter à chacune de ces missions, il nous faut au préalable disposer d'évaluations coûts/bénéfices. Ce n'est pas toujours le cas : qui peut dire de combien nous devrions augmenter la dépense de police ? Pour répondre à cette question majeure, nous devons comparer le gain pour la collectivité d'une dépense supplémentaire – à savoir une meilleure sécurité pour les Français et une moindre criminalité — avec son coût supplémentaire en termes de finances publiques.

Mais le bon accomplissement des missions « régaliennes » ne se résume pas au débat sur le niveau de la dépense publique : à dépense donnée, sommes-nous le plus efficace possible ? La question de la qualité de la dépense est aussi centrale. A titre d'exemple, en dépit d'un budget annuel de 65 milliards d'euros, la mission d'éducation n'est pas pleinement remplie dans notre pays… sinon nous ne pointerions pas au 25e rang du classement PISA 2015, avec 140 000 décrocheurs scolaires chaque année. La qualité de la dépense d'éducation doit être au centre de toute notre attention, quitte à lever des tabous pour être plus innovants et efficaces : chèque éducation, diversification des méthodes d'enseignement, etc.

Adam Smith vient nous rappeler la claire hiérarchie des missions dévolues à l'Etat, invitant à séparer l'essentiel de l'accessoire. A titre d'exemple, en matière économique, le rôle fondamental de l'Etat est de faire respecter les règles de droit qui s'imposent à tous les acteurs, règles justifiées par des considérations d'ordre public : droit de la consommation, de la concurrence, du travail, etc. Mais vouloir réglementer dans ses moindres détails l'activité d'un secteur, au travers de licences, d'interdictions, de seuils, d'autorisations d'exercer ne relève pas des missions essentielles et engendre même de nombreux effets pervers. De même, ce n'est pas le rôle fondamental de l'Etat que de vouloir orienter l'évolution d'un secteur économique, par une politique industrielle qui se veut «éclairée» : l'Etat ne connaît pas mieux l'avenir que les acteurs économiques eux-mêmes.

Adam Smith nous propose un projet ambitieux et exigeant : l'Etat gendarme n'a rien d'un Etat faible et démuni, à la solde des intérêts privés. Au contraire, c'est un Etat fort, impartial, qui fait régner l'ordre public. Un Etat certes puissant, mais pas omnipotent ou omniprésent. Son but ultime est bien d'offrir à tous les citoyens les conditions pour que chacun puisse exprimer, par sa liberté et son autonomie, son talent et ses mérites.

Au service du public

En 2018, un mouvement de grèves, visant à dénoncer l'ouverture à la concurrence du train, a paralysé le transport ferroviaire en France pendant plusieurs mois. Les opposants à la réforme ferroviaire utilisent une équation simple pour justifier leur mobilisation contre « la casse du service public » : service public = capital public = monopole public. Revenons un instant sur ce raccourci… trompeur.

En premier lieu, il n'y a pas de relation nécessaire entre service public et capital public. S'il est vrai que le service public est souvent assuré en France par une entreprise publique, un opérateur privé peut très bien se voir confier, par délégation, une mission d'intérêt général. Prenons l'exemple du transport aérien : il existe en Europe des lignes dites OSP (Obligations de Service Public), qui ne sont pas rentables mais pour lesquelles un Etat peut vouloir maintenir une desserte minimale toute l'année, au nom du désenclavement territorial. Dans ce cas, l'Etat concède, après un appel d'offres, l'exploitation de la ligne à une compagnie, qui perçoit en retour une compensation financière : par exemple, Air France, entreprise à capitaux majoritairement privés (86 %) vient de voir sa filiale Hop ! renouvelée pour 4 ans sur la ligne Orly/Brive.

On voit donc bien que la propriété du capital n'est pas un vrai sujet : entreprises privées comme entreprises publiques peuvent exercer des missions de « services d'intérêt économique général », pour reprendre les termes de l'Union européenne. D'ailleurs, dans le cas du projet de réforme ferroviaire, la question de la propriété du capital se pose d'autant moins que la privatisation de la SNCF n'est pas du tout à l'ordre du jour.

En second lieu, le fait qu'une entreprise soit à capitaux publics – ce qui est le cas de la SNCF – n'implique pas qu'elle doive bénéficier d'un monopole légal. En effet, le fait d'être seul sur un marché et protégé par des barrières légales entraîne plusieurs effets pervers : dérive des coûts de production et donc des prix, faible incitation à innover, faible qualité de service. La cause en est qu'une entreprise en monopole n'est jamais rappelée à l'ordre par la concurrence et les clients, qui n'ont pas le choix d'aller voir ailleurs. Notons qu'un monopole privé ne serait pas plus « vertueux » qu'un monopole public.

Dit en d'autres termes, privatiser la SNCF sans l'ouvrir à la concurrence ne changerait pas grand-chose à la situation. A l'inverse, la SNCF, dès lors qu'elle sera mise en concurrence avec d'autres opérateurs, disposera d'une incitation forte à améliorer la qualité de service, à diminuer ses coûts de production, à innover pour se différencier. La concurrence générera un triple gain pour l'usager – baisses de prix, diversification de l'offre, qualité de service — et, pour la SNCF, un élargissement de la taille du marché.

Finalement, le meilleur allié du service public, ce n'est pas la privatisation d'un monopole mais sa mise en concurrence avec d'autres opérateurs. A condition de considérer que le service public consiste d'abord à être au service du public : dans le cas du transport ferroviaire de passagers, cela passe pour l'essentiel par des prix abordables et une bonne qualité des prestations (sécurité, ponctualité, fréquence, propreté, etc.). Pas sûr que cette conception du « service public » soit celle retenue par les grévistes.

Sortir du malthusianisme économique

« Malthusianisme » : tel est le terme que l'ex-Ministre de l'Economie, Emmanuel Macron, se plaît à employer pour fustiger l'attitude de ceux qui s'opposaient à sa réforme. Mais que recouvre au juste cette notion ?

Le malthusianisme économique applique à la vie des affaires le même principe qu'il revendiquait jadis en matière démographique : il faut li-mi-ter. Non pas le nombre de naissances dans le pays, mais le nombre d'acteurs sur le marché. Trop d'acteurs, c'est trop de concurrence, ce qui nuirait au bon fonctionnement de l'économie. Le levier préféré du malthusianisme, c'est l'octroi de licences, le numerus clausus, la cooptation, le droit de regard des opérateurs installées sur les nouveaux entrants. Le malthusianisme a pour lui l'apparence de la vertu, en prônant la prudence et en refusant l'excès : dans un monde malthusien, mieux vaut pas assez que trop.

Pourtant, l'idée même de rationner le nombre d'acteurs sur un marché apparaît étrange pour l'économiste, hormis quelques cas particuliers comme les oligopoles naturels, où les coûts fixes élevés impliquent de limiter le nombre d'acteurs. Mais qui peut justifier que le nombre de taxis soit contraint à Paris par la détention d'une licence onéreuse ou que la création de nouveaux offices de notaires soit régulée par la profession ?

Les partisans du malthusianisme se défendent en expliquant que trop de concurrence nuirait à la qualité des prestations. Il faudrait choisir entre le prix bas et la qualité haute. Mais cette vision des choses peine à convaincre. Il faut en effet distinguer deux aspects de la qualité, très différents bien que souvent confondus : la qualité nécessaire, qui touche à l'essentiel – songeons à la sécurité – et la qualité accessoire, qui relève du libre choix du client. Pour assurer la qualité nécessaire, il n'est pas nécessaire de restreindre l'entrée. La solution se trouve ailleurs : imposer aux acteurs un certain nombre de normes et de règles, afin d'éviter que la concurrence par les prix ne se fasse au détriment de l'essentiel. Dans le cas des notaires par exemple, la garantie de qualité – la sécurité juridique de l'acte authentique – est assurée par le haut niveau de diplôme et le respect du code de déontologie. On ne voit pas en quoi la libre installation de jeunes notaires, titulaires du même diplôme que leurs aînés, nuirait à la qualité nécessaire.

A contrario, les études empiriques montrent que la concurrence et la libre entrée conduisent en général à élever le niveau de qualité, chaque opérateur craignant de voir un concurrent lui ravir une partie de sa clientèle ; elles stimulent aussi la productivité, la différenciation des acteurs et facilitent l'introduction d'innovations de rupture, lancées par de nouveaux venus.

En réalité, le malthusianisme est d'abord un conservatisme : il veut que rien ne change. Il décourage le mérite mais favorise la rente et l'entre-soi ; il freine les idées neuves mais survalorise l'existant. Il est tourné vers le passé et les certitudes, quand l'économie est plus que jamais un pari sur l'avenir et une prise de risque. Bref, le malthusianisme, c'est un peu le début de la vieillesse économique et du déclin ! La France a renoncé depuis belle lurette au malthusianisme démographique et est aujourd'hui forte de sa population et de sa jeunesse ; il est tant qu'elle en finisse désormais avec son malthusianisme économique.

Notariat : 57 ans pour une réforme

La réforme du notariat, qui constitue l'un des piliers de la loi Macron, a été actée en 2016, avec la publication des arrêtés : 1 650 nouveaux notaires libéraux devraient pouvoir s'installer dans les 247 « zones d'installation libre » identifiées par l'Autorité de la concurrence.

Pour audacieuse qu'elle soit, cette réforme n'est pas nouvelle : elle avait déjà été préconisée par Louis Armand et Jacques Rueff. Il y a 57 ans. Dans leur célèbre rapport sur les obstacles à la croissance, ils constataient que « *certaines législations ou réglementations économiques ont pour effet, sinon pour but, de protéger indûment des intérêts corporatifs qui peuvent être contraires à l'intérêt général et notamment aux impératifs de l'expansion. Tel est le cas lorsque législations et réglementations ont pour effet de fermer abusivement l'accès à certains métiers ou certaines professions [...], de cristalliser dans leur position les bénéficiaires de certains droits et de donner ainsi à certaines parties de l'économie française une structure en offices, si répandue sous l'Ancien Régime* ». Fort de ce constat, ils appelaient, dans le cas du notariat, à « *la création de nouvelles charges dans les régions et les villes en expansion, où elle apparaît indispensable* ». On ne peut être plus clair.

Mais pourquoi avoir laissé passer autant de temps avant d'engager la réforme ? Parce qu'une ouverture à la concurrence – même régulée — vient toujours bousculer, déstabiliser à court terme l'ordre existant : elle vise à créer un nouvel équilibre, avec de nouveaux acteurs et de nouvelles manières de faire. Bref, elle engendre de la turbulence, saine pour la collectivité, mais oblige les insiders à se remettre en cause et à faire de la place aux entrants. Il faut donc s'attendre de leur part à une réaction de blocage, et ce d'autant que leur voix porte haut et fort sur la place publique : ils sont organisés, identifiables et ont parfois même réussi à « capturer le régulateur », selon les termes du Nobel Georges Stigler, influençant ainsi la prise de décision. De leur côté, les bénéficiaires de la réforme – les outsiders — sont peu organisés, inaudibles puisqu'ils n'existent pas encore.

Face à cette asymétrie des forces, la tentation est grande pour le décideur politique de procrastiner. Politiquement, il est rationnel d'attendre. Mais plus on attend, plus les positions se cristallisent, rendant la réforme encore plus improbable demain : un cercle vicieux s'enclenche en faveur du statu quo, dont il devient difficile de s'abstraire. C'est en général l'innovation disruptive qui vient sortir le décideur politique de l'ornière. Le cas des taxis en est une parfaite illustration : face à l'insuffisance du nombre de licences, constatée déjà en 1959 par Armand et Rueff, les gouvernements, de gauche comme de droite, ont fait le choix du statu quo, ce qui a logiquement conduit à une inflation du prix des licences, rendant toute réforme improbable. C'est Internet et les smartphones qui ont débloqué la situation, de manière aussi rapide que violente, avec l'arrivée des VTC. Dans le cas des notaires, la réforme n'est pas venue de la technologie mais… d'une décision politique, à l'aube d'une campagne présidentielle. C'est plutôt courageux.

Laissez faire, laissez entrer

L'entrée de nouveaux concurrents sur un marché est souvent plébiscitée au nom du pouvoir d'achat. Il est vrai que l'irruption des compagnies *low cost* dans l'aérien ou celle de Free dans la téléphonie mobile a conduit à de spectaculaires baisses de prix, y compris chez les acteurs installés. Mais les bénéfices d'une nouvelle concurrence ne se réduisent pas à cette dimension monétaire, aussi importante soit-elle.

L'arrivée de nouveaux acteurs permet également de diversifier l'offre, en proposant aux clients d'autres manières de produire et de faire. Ainsi, des auto-écoles en ligne comme Ornikar ou En Voiture Simonen'ont pas seulement pour vertu de soulager le portefeuille des jeunes et de leurs parents : elles modifient profondément la relation entre l'enseignant et son élève. En effet, grâce à Internet, le client peut choisir son moniteur, lequel opère le plus souvent en indépendant : les horaires de cours deviennent fonction des contraintes de l'élève, qui peut sélectionner l'enseignant le mieux adapté à ses attentes. Le système d'évaluation des moniteurs accroît aussi la transparence de la relation et incite à un service de qualité, réputation oblige. De même, l'ouverture de pharmacies en ligne permet non seulement de mieux comparer les prix, mais aussi d'élargir les plages horaires et jours d'ouverture, de faciliter l'accès aux médicaments sans ordonnance pour les patients isolés, sans renoncer pour autant au contrôle d'un diplômé en pharmacie.

Mais l'entrée de nouveaux acteurs sur le marché a une vertu encore plus fondamentale : elle oblige les opérateurs installés à se questionner, à mieux justifier leur raison d'être et leur valeur ajoutée, sous peine de voir les clients tourner progressivement les talons. Ainsi, dans le transport individuel de personnes, la première vertu d'Uber aura été d'obliger les taxis parisiens à remettre le client au centre de leurs préoccupations. La bouteille d'eau et les bonbons, la porte (parfois) ouverte, une politesse retrouvée : toutes ces petites attentions ne sont pas tombées du ciel ; elles sont en réalité les enfants d'Uber ! Bref, la concurrence est un formidable aiguillon naturel, bien plus efficace et durable que toutes les chartes et manuels sur la qualité.

Voilà pourquoi les réglementations sectorielles – si elles restent nécessaires — doivent être régulièrement « toilettées », pour ne pas brider inutilement l'entrée de nouveaux modèles économiques. A cet égard, on peut s'interroger, dans le cas des auto-écoles, sur le maintien de l'obligation consistant à disposer d'un local d'au moins 25 m²… dans chaque département : en quoi cette contrainte garantirait-elle une meilleure qualité de formation à la conduite ? Elle limite en revanche le développement d'auto-écoles en ligne, qui par nature peuvent opérer au niveau national. De même, dans la vente en ligne de médicaments sans ordonnance, est-il vraiment nécessaire d'imposer l'adossement d'un site à une officine physique, dès lors que la présence d'un diplômé en pharmacie, vrai gage de qualité, est imposée ?

En conservant des barrières réglementaires inadaptées ou disproportionnées, les pouvoirs publics préservent certes – mais pour combien de temps ? – les équilibres établis. Mais le statu quo a un coût : il prive les consommateurs d'une meilleure qualité de service et les producteurs d'une saine émulation.

Economie collaborative :
Disputons nos réglementations !

En 2016, le député Pascal Terrasse a remis un rapport sur la régulation de l'économie collaborative. Le rapport Terrasse n'a heureusement pas cédé à la tentation d'une régulation spécifique. Méfions-nous en effet des règles particulières, qui enferment dans des carcans et créent nombre d'effets pervers. L'expérience nous montre que ce type de régulation, instaurée dans l'urgence, se cristallise très vite et dérive inévitablement, sous l'influence des groupes de pression, vers une forme de malthusianisme. Au point de devenir un vrai maquis de contraintes, donnant aux acteurs l'illusion d'une forteresse, qui en réalité finira par céder sous les coups de boutoirs d'innovations.

Le cas de la régulation des taxis est à cet égard révélateur : le système du numerus clausus, qui n'a pas de fondement économique dans un secteur par nature concurrentiel, a été mis en place en 1937, pour répondre à une situation conjoncturelle de baisse des revenus. Mais au fil du temps, compte tenu de la pénurie croissante de taxis et de l'immobilisme des pouvoirs publics, les licences ont acquis une valeur marchande de plus en plus élevée, rendant ainsi les chauffeurs très dépendants de leur prix. Plus le prix des licences augmentait, plus il devenait politiquement compliqué d'en accroître le nombre : régulateur et régulés se sont ainsi retrouvés prisonniers de leur propre règles... jusqu'au jour où l'innovation disruptive, au travers des plates-formes numérique, s'est invitée dans le jeu et a fait imploser le système, conduisant à une baisse du prix des licences. Tout cela serait-il arrivé si le nombre de licences n'avait pas été contingenté depuis soixante-dix ans ? Les taxis sont aujourd'hui tout autant victimes de l'ubérisation que d'une réglementation défaillante qui a misé sur la restriction des quantités plutôt que sur la qualité de service.

Pour ne pas retomber dans le piège des règles spécifiques, faut-il pour autant renoncer à toute régulation des nouvelles activités ? Sûrement pas. Mais à condition que les règles du jeu soient le plus transversal et le plus simple possible. Ainsi, dans le cas de l'économie collaborative, la première des règles est qu'elle se soumette, comme toute activité économique, à la fiscalité : il n'y a aucune raison que les revenus générés par Airbnb, Uber, le Bon Coin ou Blablacar échappent par principe à l'impôt, quitte à moduler les taux et seuils selon qu'il s'agisse d'un simple partage de frais, d'un revenu d'appoint ou d'une activité principale. A cet égard, la proposition du rapport Terrasse de demander aux plateformes de transmettre directement à l'administration fiscale l'activité de leurs utilisateurs, est à la fois simple et efficace.

Mais faire entrer l'économie collaborative dans un cadre général ne signifie pas pour autant qu'il faille à tout prix l'insérer dans l'existant. Bien au contraire, profitons de l'occasion pour remettre à plat nos réglementations, trop lourdes et complexes, en les recentrant sur leur mission essentielle. Par exemple, en matière de droit du travail, l'enjeu aujourd'hui est de protéger, au-delà de la seule figure du salarié, l'ensemble des actifs, quelle que soit la forme de leur activité professionnelle. Est-il bien judicieux de rajouter encore un chapitre aux 3 400 pages de notre Code du travail, pour y intégrer tant bien que mal la nouvelle économie collaborative, caractérisée par la pluriactivité, les horaires fragmentés ou le travail indépendant ? Plutôt que de faire entrer le neuf dans l'ancien, faisons du neuf avec du neuf : disruptons nos réglementations !

Limitation de vitesse :
Des bénéfices et des coûts

La proposition du maire de Valence en 2015 de limiter la vitesse à 90 km/h sur les portions d'autoroutes en zone urbaine suscite de prime abord l'adhésion : qui pourrait s'opposer à une réduction des nuisances imposées aux riverains ? Mais n'oublions pas que rouler moins vite engendre aussi… des coûts pour la société, que ce soit en termes de temps perdu pour la mobilité des hommes ou la circulation des marchandises. Ainsi, une étude de Rémy Prud'homme (2016) sur la réduction de la vitesse maximale de 80 à 70 km/h sur le périphérique parisien a montré que l'augmentation du temps passé dans le véhicule, de la consommation de carburant, et même du rejet de certaines particules entraînait un surcoût annuel de l'ordre de 100 millions d'euros !

Est-ce à dire pour autant que la proposition du maire de Valence est une mauvaise idée ? Impossible de le savoir, tant que l'on n'a pas procédé à une analyse comparative des coûts et des bénéfices. L'économie nous fournit une méthode de raisonnement très utile : si les bénéfices résultant de la diminution de la vitesse l'emportent sur les coûts de cette mesure, alors il s'agit d'une bonne décision.

Ainsi, l'analyse coûts/bénéfices nous invite à la prudence et au pragmatisme. Elle éloigne tout objectif simpliste tel que la «pollution zéro» ou la «mortalité routière zéro» ; en effet, si l'on voulait supprimer toute pollution automobile ou tout accident sur les routes, il faudrait alors interdire… toute circulation. Le bénéfice d'une telle décision serait à l'évidence largement inférieur au coût pour notre société. Ce qui vaut pour la pollution ou les accidents vaut pour bien d'autres sujets. Par exemple, si l'on veut absolument atteindre l'objectif «zéro criminalité», il n'y a qu'une solution : mettre des policiers partout. Le coût budgétaire d'une telle mesure serait à l'évidence démesuré par rapport au gain additionnel pour la société. Bref, même si cela est difficile à entendre et heurte notre conscience, nous devons nous résigner à accepter un certain degré de pollution, d'accidentalité routière ou de criminalité !

Plus fondamentalement, avant d'annoncer toute nouvelle mesure, les pouvoirs publics gagneraient à mener systématiquement une analyse coûts/bénéfices et à la rendre public. Cela éviterait tout d'abord de surestimer les gains, toujours visibles et médiatiques, et de sous-estimer les coûts, trop souvent invisibles. Mais symétriquement, cela permettrait de mieux justifier aux yeux du citoyen les priorités budgétaires. Par exemple, les dépenses de police et gendarmerie représentent certes un coût annuel de 18 milliards d'euros pour le contribuable français mais elles procurent en retour un bénéfice à la société : elles limitent la criminalité, laquelle engendre… un coût considérable. De combien de milliards ? Nul ne le sait aujourd'hui, faute d'études empiriques. Si l'on se risque à transposer les résultats obtenus en Nouvelle-Zélande, Royaume-Uni ou Australie, la criminalité pourrait bien nous coûter entre 80 et 130 milliards d'euros. A quand la première analyse coût/bénéfices sur ce sujet si crucial pour nos concitoyens ?

Cannabis : Une petite dose… d'économie

Parmi les promesses de campagne du candidat Macron figure la monétisation des peines à l'encontre des consommateurs de stupéfiants : un client qui se fait prendre en train de fumer un joint devra demain s'acquitter sur le champ d'une amende forfaitaire. Cette mesure a fait en 2017 l'objet d'une intéressante étude du think tank Le Jour d'après, qui pointe du doigt les inefficacités de notre politique répressive, né avec la loi du 31 décembre 1970. Alors que ce texte prévoit jusqu'à un an de prison et 3 750 euros d'amende, la réalité de terrain apparaît tout autre : les sanctions se limitent bien souvent à de simples rappels à la loi, tandis que les peines de prison ferme restent l'exception. Bref, la répression n'a été dissuasive que… dans les textes.

Plus encore, cette politique mobilise des ressources rares – policiers, gendarmes, magistrats — qui sont coûteuses pour la collectivité : 481 millions d'euros chaque année, selon le think tank, pour la seule lutte contre les usagers de stupéfiants. Le passage à un système de contravention immédiate et forfaitaire – par exemple 100 euros par infraction — permettrait de diminuer de 76 % le coût des interpellations et de supprimer le coût judiciaire. Le temps ainsi économisé par les forces de l'ordre pourrait être utilement consacré à d'autres activités telles que… la lutte contre le trafic de drogue.

Si elle va dans le bon sens, la « contraventionnalisation » ne doit toutefois pas dispenser d'une réflexion plus globale sur notre politique en matière de drogue. Trop souvent, les débats se placent sur le registre de la morale : les partisans de la prohibition insistent sur la nécessité d'envoyer un message fort et stigmatisant à l'ensemble de la société, sans vraiment se soucier de l'effectivité de leur politique. Si l'on prend le cas du cannabis, la politique de prohibition menée dans notre pays depuis 40 ans n'a rien prohibé. Elle a juste déplacé le problème vers le marché noir, celui du trafic et de la petite délinquance. Du côté de la demande, la situation n'est guère plus flatteuse : la France reste championne d'Europe de la consommation de cannabis, avec de forts taux de prévalence, notamment chez les jeunes.

Une autre perspective consisterait à autoriser la vente de cannabis, pour mieux la réguler, comme cela vient d'être décidé au Canada. Comme pour l'alcool, l'Etat contrôlerait la distribution de cette substance – voire sa production — interdirait la publicité ainsi que la vente aux mineurs, imposerait des taxes sur sa consommation. Cette politique procurerait de précieuses ressources fiscales, dont une partie pourrait être réaffectée à la prévention : le Colorado, premier état américain à avoir légalisé le cannabis en 2012, perçoit ainsi 150 millions de dollars de taxes chaque année.

De plus, en imposant fortement le cannabis, comme il le fait pour la cigarette, l'Etat ferait monter son prix, conduisant ainsi à limiter sa consommation. Toucher au portefeuille des clients pour qu'ils changent leur comportement est sans doute moins glorieux que de leur faire la morale. Mais bien plus efficace. Cela ne ferait pas de mal d'injecter dans nos politiques publiques une petite dose… d'économie.

Ouverture dominicale des commerces :
A chacun son dimanche

Alors que le gouvernement a publié en 2015 les décrets sur l'ouverture dominicale des commerces, il n'est pas inutile de revenir sur les principaux arguments des opposants à cette réforme.

Premier argument: la nécessaire sanctuarisation du dimanche, au nom de la vie familiale, de l'éveil à la culture ou du juste repos des travailleurs. Cet argument s'accommode toutefois mal de la réalité et de la diversité de la France d'aujourd'hui. La vie familiale ? Dans une société marquée par un fort taux de divorce, la notion de famille est devenue assez relative, en particulier durant les week-ends. La culture ? Les détracteurs du consumérisme oublient que le dimanche peut être aussi l'occasion de fréquenter des magasins… culturels ou de valoriser des synergies entre commerces et lieux culturels. Quant au nécessaire repos des salariés, il n'implique pas qu'il doive avoir lieu forcément le dimanche : certaines personnes peuvent préférer, par commodité, prendre leur jour de congé durant la semaine.

Second argument : le risque de travail contraint. Un argument qui a incontestablement du poids. En période de fort chômage, difficile en effet pour un salarié de résister à la demande pressante de son employeur. Mais à nouveau, regardons la réalité en face : plus de 60 % des Français se disent prêts à travailler le dimanche, à condition que des compensations importantes soient prévues, en termes de rémunération ou de repos. De plus, si un salarié venait à être victime d'un abus, notre droit du travail devrait être en mesure de traiter ce cas ; sinon, c'est à désespérer de l'efficacité d'un Code du travail comprenant pourtant plus de 4000 articles ! Il faut donc raisonner en proportionnalité : si toute liberté nouvelle peut certes entraîner des dérives, elle ne justifie pas pour autant de tomber dans l'interdiction générale, dès lors que de puissants garde-fous existent. De leur côté, les entreprises peuvent aussi choisir de mobiliser des personnes qui ne soient pas des salariés la semaine, comme des étudiants ; pour ces derniers, le travail dominical constituerait une première expérience qui n'empiète pas sur le précieux temps de leurs études.

Troisième argument : le travail dominical ne créerait pas de richesses, les achats de la semaine se reportant sur le dimanche. Cet argument est assez pertinent dans le cas des commerces alimentaires mais se révèle erroné dans d'autres secteurs d'activité. Ainsi, dans le cas du bricolage, activité de week-end par excellence, il a été montré empiriquement que l'ouverture dominicale de ce type de magasins en région parisienne entraînait une hausse globale du chiffre d'affaires de 20 %. Cet effet d'induction est encore plus évident dans les zones à forte fréquentation touristique internationale : pour attirer et retenir les touristes, il faut être là au bon moment, au bon endroit, avec la bonne offre ! Ne pas ouvrir le dimanche, c'est donc prendre le risque de laisser partir ces clients ailleurs, dans d'autres pays et capitales, et avec eux, des opportunités de dépense et d'emplois. Quand on sait par exemple que le panier moyen d'un client étranger est de 900 euros à Paris et atteint même 1300 euros pour la seule clientèle chinoise, est-ce bien raisonnable ?

Quelle conclusion tirer de tout cela ? Les arguments des détracteurs du travail dominical n'ont sans doute pas la portée générale qu'ils voudraient leur donner et relèvent plus de points de vue particuliers, fort respectables par ailleurs. Dans ces conditions, que ceux qui estiment que le dimanche doit rester un jour à part vaquent à leur occupations, tout en laissant les autres profiter des nouvelles opportunités que l'ouverture dominicale peut leur offrir. A chacun son dimanche !

Ouverture nocturne des bibliothèques : Des livres et des hommes

A la faveur de la loi Macron, l'ouverture dominicale des grands magasins est devenue réalité à Paris depuis 2016. Les opposants à cette évolution y voient le triomphe d'une idéologie consumériste, réduisant le dimanche à l'accumulation de biens. Sans leur donner raison sur ce point – chacun étant libre d'utiliser son temps comme bon lui semble – on peut toutefois relever que le dimanche – et plus généralement le temps libre – pourrait être consacré à des activités moins matérielles, si les infrastructures culturelles publiques étaient davantage ouvertes.

A cet égard, constatons que nos 7100 bibliothèques restent souvent fermées le dimanche, tandis que les horaires en semaine sont peu adaptés aux contraintes d'une vie active moderne. Quelques chiffres pour s'en convaincre : les bibliothèques sont ouvertes en moyenne 40 heures par semaine dans les grandes villes… contre 98 heures à Copenhague, 84 à Amsterdam. Elles ferment le plus souvent à 18 heures A Paris, sur 56 bibliothèques, trois seulement fonctionnent jusqu'à 22 heures ou le dimanche.

Une plus grande amplitude horaire présenterait plusieurs avantages. En zone rurale, elle permettrait de faire des bibliothèques de véritables lieux d'échange, entre tous les âges, autour du livre et de ses déclinaisons (médiathèque, etc.). Dans les banlieues, la bibliothèque peut constituer pour les jeunes dont les conditions de vie à domicile ne sont pas toujours idéales, un lieu propice au travail intellectuel et à la concentration, facteurs clés de réussite dans les études. Pour ceux qui fréquentent déjà les bibliothèques, des horaires plus adaptés changeraient l'usage même de ce lieu, en augmentant par exemple la fréquentation en famille et le temps passé.

En particulier, le dimanche ou en soirée, les parents pourraient accompagner leurs enfants dans la découverte des livres : aller en bibliothèque deviendrait ainsi une activité familiale à part entière, au même titre qu'aller au cinéma ou au restaurant. Mais surtout, alors même que le taux d'inscrits en bibliothèque stagne dans notre pays – autour de 17 % de la population — une plus grande ouverture inciterait de nouveaux publics à fréquenter ces lieux, comme le montrent les expériences étrangères : l'accès à la culture n'est pas seulement question « d'habitus » ; c'est aussi affaire d'horaires.

Les bibliothécaires voient toutefois d'un mauvais œil une mesure qui leur impose des contraintes supplémentaires. Plusieurs solutions sont envisageables, telles que le recours à des étudiants diplômés en soirée ou le dimanche. L'expérience menée au Danemark depuis 2004 mérite aussi d'être examinée : la politique « Open librairies » consiste à ouvrir en nocturne les bibliothèques en accès libre, tandis que les personnels y sont présents en journée. En 2016, on dénombrait pas moins de 260 « bibliothèques ouvertes », dont l'accès est sécurisé au moyen d'une carte individuelle. Les actes de vandalisme restent assez rares, tandis que les bibliothécaires ont joué le jeu, en préparant la venue de nouveaux publics en dehors de leur présence et en misant sur le « coup de pouce » (*nudge*) : les lecteurs avertis sont invités à aider les nouveaux venus, tandis que l'agencement des lieux a été revu pour favoriser le premier contact. Fort du succès danois, l'Irlande vient d'annoncer l'ouverture de 23 bibliothèques en accès libre après… 22 heures. A quand une expérimentation en France ?

Chapitre 6

L'industrie d'hier est morte ? Vive l'industrie de demain !

Le constat d'un déclin continu de notre industrie n'est plus à faire : en l'espace de 40 ans, sa part dans la richesse produite (le « PIB ») a été divisée par deux, au point de représenter aujourd'hui seulement 10 % du PIB. Parmi les causes de ce déclin, figure la montée en puissance de nouveaux pays industrialisés comme *la Chine, qui a pris son envol industriel (p. 151)* et menace même de devenir demain un géant de la high-tech.

Face à ce déclin constaté, la tentation est grande de revenir à une politique industrielle à l'ancienne, consistant à miser sur une technologie ou une entreprise. Mais il s'agit en réalité d'une impasse : sélectionner de manière discrétionnaire une technologie ou une entreprise, c'est courir le risque de se tromper et d'engager tout un secteur dans une impasse, comme l'illustre aujourd'hui le bilan de notre politique automobile en faveur du *tout Diesel, qui illustre les limites de l'Etat stratège* (p. 153).

Nous devons également résister à la tentation du bouc-émissaire, en invoquant le fait que notre déclin industriel serait d'abord la faute de Bruxelles, qui empêcherait la formation de *champions industriels européens* (p. 155). Les statistiques nous montrent en réalité qu'il s'agit d'une vérité fausse mais fort utile. De même, nous devons résister à la tentation du patriotisme industriel à outrance, lorsque nos intérêts stratégiques ne sont pas menacés : se fermer aux investisseurs étrangers, c'est courir le risque d'un effet boomerang ; c'est aussi se priver des compétences précieuses et des capitaux d'investisseurs étrangers. « Bienvenu en France » *(p. 157)* doit rester le mot d'ordre de notre politique d'attractivité.

Dans la même veine, la relocalisation forcée de nos industries, préconisée aux Etats-Unis par Trump ou Marine le Pen en France, ne constitue pas une solution réaliste. Elle conduira tout d'abord à augmenter nos coûts de production dans des activités très exposées à la concurrence internationale, réduisant ainsi notre compétitivité prix. Mais surtout, à l'ère des « chaînes de valeur mondiales », elle n'est pas toujours possible en pratique. *Relocaliser en France : facile à dire, difficile à faire. (p. 159).* En effet, une entreprise ne délocalise plus la totalité de sa production dans un seul lieu mais décompose chaque étape de son produit dans plusieurs pays, avant d'assembler le tout dans un autre pays. Relocaliser de manière forcée, consiste à déconstruire un écosystème de sous-traitants et de filiales, répartis aux quatre coins du monde. *Les relocalisations forcées sont un mirage* (p. 161).

Mais alors que faire pour que notre industrie se réinvente demain ? Constatons tout d'abord que l'Europe dispose de grands géants industriels, souvent anciens et qui ont réussi à partir à la conquête du monde avec *des marques fortes (p. 163)*, à l'image du luxe en France ou de l'automobile en Allemagne. Mais ce qui frappe c'est la faible capacité des Européens à créer de nouveaux géants, en particulier dans le domaine du numérique qui reste l'apanage des Etats-Unis et … de la Chine. L'enjeu est bien demain de stimuler la création de nouvelles entreprises de croissance, à l'image de l'initiative récente menée en France par Xavier Niel avec *la création de Station F, immense campus pour start-up (p. 165)*. Les pouvoirs publics peuvent également dessiner les contours d'une *nouvelle politique industrielle (p. 167)*, qui ne cible pas des secteurs comme par le passé, mais offre un terreau propice à l'innovation et à la prise de risque. Cette politique industrielle de demain n'est en réalité rien d'autre qu'une bonne politique de compétitivité, menée à l'échelon national mais aussi… européen.

Plus fondamentalement, l'idée même d'un déclin industrie, doit nous inciter à repenser la vieille distinction, devenue aujourd'hui obsolète, entre industrie et services : l'industrie de demain sera en réalité riche de services, notamment grâce au numérique. Mais pour que cette nouvelle stratégie alliant produits et services soit demain une pleine réussite, nous devons opérer une véritable révolution copernicienne : passer d'une approche fondée sur la vente instantanée d'un produit à la mise à disposition aux clients d'une palette de services, dans la durée, et dont le produit n'est plus que le support. Il s'agit de *mettre du service dans l'industrie (p. 169)*.

Innovation : La Chine prend son envol

A l'occasion du premier vol de l'avion de ligne C919 en mai 2017, la Chine vient d'entrer dans le club très fermé des constructeurs aéronautiques, dominé depuis 40 ans par Airbus et Boeing. Si le chemin à parcourir avant de livrer les premiers appareils est encore long – le C919 ne devrait pas entrer en service avant 2020 – ce vol d'essai n'en reste pas moins un symbole fort.

Un symbole du rattrapage technologique opéré par la Chine depuis quinze ans. Tous les indicateurs le montrent. En termes d'effort d'innovation, la Chine investit en 2016 2 % de son PIB en R&D… non loin de la moyenne des pays de l'OCDE (2,4 %). Si l'on raisonne en valeur absolue, la Chine consacre chaque année 400 milliards de dollars à la recherche, soit le second budget après celui des Etats-Unis. Si l'on se tourne à présent du côté des brevets, les résultats sont tout aussi éloquents : la Chine est devenue en 2015 le premier pays au monde par le nombre de demandes de brevets sur son territoire, émanant pour l'essentiel de résidents chinois. Lorsque l'on ramène le nombre de brevets au PIB, la Chine occupe désormais la troisième place, derrière la Corée du Sud, le Japon, et… devant l'Allemagne.

Au-delà de la seule technologie, la Chine développe un véritable écosystème innovant, en misant sur la montée en gamme de sa production industrielle et en investissant massivement dans l'éducation et le capital humain. Le « Global Innovation Index » de l'INSEAD, indicateur composite qui mesure la capacité globale d'un pays à innover, a fait entrer la Chine dans le top 25, sur un échantillon de 128 pays. On assiste ainsi à une vraie explosion de la robotique indus-trielle en Chine, signe d'une volonté de modernisation de l'appareil productif : en 2015, sur 254 000 nouveaux robots installés dans le monde, près d'un tiers l'ont été en Chine.

Bref, la Chine n'est plus seulement « l'usine tournevis du monde » ; elle est en passe de devenir un géant technologique et industriel. Pour ce faire, elle peut compter sur la taille de son marché intérieur, afin d'éprouver ses nouveaux produits. Mais la seconde étape du rattrapage ne fait aucun doute : après le marché intérieur, la Chine partira à l'assaut du vaste monde. Lorsqu'un pays devient plus riche en technologie et en capital humain, il finit toujours par monter en gamme ses exportations.

Que faire face à cet inéluctable rattrapage chinois ? Tout, sauf se protéger ! Continuons tout d'abord à investir massivement en R&D et en capital humain pour garder un coup d'avance. Au risque sinon de reculer. Positionnons-nous comme des partenaires incontournables auprès des producteurs chinois, en leur vendant des composants à forte valeur ajoutée : ainsi, le C919 utilisera demain les pneumatiques de Michelin, tandis que Zodiac fournira les sièges et Safran les réacteurs. Mais surtout, misons plus que jamais sur nos points forts à l'exportation, sur ces pépites que le monde entier nous envie : notre aéronautique, nos produits du terroir, notre créativité, notre *French touch*. Par exemple, il sera plus difficile demain pour la Chine de devenir un géant du luxe qu'un géant technologique : l'histoire et le rêve sont plus difficiles à rattraper. Signe encourageant : pour la première fois depuis la création du CAC 40, LVMH est devenu la première capitalisation boursière française. Grâce notamment à ses bonnes performances … dans les pays émergents.

Diesel : Les limites de l'Etat stratège

En 2015, l'agence américaine de l'environnement (EPA) a révélé que Volkswagen avait falsifié les tests d'émissions polluantes de ses moteurs diesel. Le scandale Volkswagen relance le débat sur la place du diesel. Une place importante en France, que ce soit en termes de consommation – 65 % de notre parc auto roule au diesel – ou de production, Renault et Peugeot ayant beaucoup misé sur cette technologie. Mais comment est-on arrivé à pareille situation ?

Rappelons que jusqu'aux années 1970, le parc diesel se limitait pour l'essentiel aux camions et tracteurs ; les voitures particulières roulaient alors quasi-exclusivement à l'essence. Mais à la suite des deux chocs pétroliers, les ménages français se sont tournés vers les constructeurs japonais, dont les petits modèles étaient moins gourmands en essence. Confrontés à cette nouvelle menace concurrentielle, nos constructeurs ont décidé de développer des moteurs diesel pour citadines. L'influent patron du groupe PSA, Jacques Calvet, obtint alors du président François Mitterrand, la mise en place d'un avantage fiscal durable sur le diesel pour les voitures particulières. Notre politique « pro diesel » était née, sur fond de protectionnisme et de défense de l'emploi, et rien depuis lors ne l'a arrêtée.

Ce cas d'école nous invite à réfléchir sur la clairvoyance supposée de « l'Etat stratège ». Tout d'abord, une décision conjoncturelle, dictée par l'urgence du moment, nous a conduits à privilégier durablement une trajectoire technologique particulière, dont il est bien difficile de sortir, alors même que le diesel se révèle problématique en termes de pollution et de santé publique.

Ensuite, cette politique nous coûte très cher : un manque à gagner annuel de 7 milliards d'euros de recettes fiscales, selon la Cour des comptes. Si l'on rapporte ce montant cumulé sur trente-cinq ans au nombre d'emplois sauvés dans la filière automobile française, il ne s'agit pas à l'évidence d'un bon calcul économique.

Plus encore, l'exemple du diesel nous montre que les décisions de politique industrielle, toujours présentées au nom de l'intérêt général, sont souvent des choix sous influence, dictés par les intérêts particuliers : elles favorisent les entreprises installées, habituées aux allées du pouvoir, tandis que les nouveaux entrants, eux, n'ont pas accès à la décision publique, faute d'une visibilité suffisante.

Enfin, le cas du diesel nous montre que «l'Etat stratège» peut se tromper dans ses choix industriels, sans subir la sanction du marché. Pour s'en convaincre, il suffit de rappeler les échecs cuisants de grands programmes comme le Concorde, le Minitel, les plans Calcul et Composant, qui ont englouti des milliards de francs sans jamais rencontrer le succès commercial. Cette propension de l'Etat à se tromper est assez logique : dans un monde économique complexe, où des millions d'entreprises tentent chaque jour leur chance, où l'innovation peut surgir de nulle part, il est illusoire de désigner à l'avance les secteurs, technologies ou entreprises qui domineront le marché demain. Les secteurs d'avenir ne se décrètent pas, les nouveaux géants non plus.

Au fond, la meilleure politique industrielle consiste d'abord et surtout à rendre notre économie plus compétitive. Ce dont nous avons besoin, c'est moins d'un « Etat stratège », certes flamboyant mais erratique, que d'un « Etat jardinier », modeste mais appliqué, qui entretienne chaque jour un terreau économique favorable à l'éclosion d'innovations et de nouveaux géants.

Champions industriels européens : De l'utilité des vérités fausses

Mettant à profit les vacances de Noël pour réviser l'économie avec ma fille, je me suis plongé dans la lecture de son manuel de terminale ES, au demeurant fort bien fait. Au chapitre sur l'Europe, j'ai pu lire que, si nous n'avions pas suffisamment de champions industriels de taille mondiale, c'était la faute de la Commission : elle bloquerait les mariages entre entreprises européennes, au nom de la sacro-sainte « concurrence libre et non faussée ». Voilà une idée reprise aujourd'hui dans un manuel scolaire, martelée par nombre de chefs d'entreprise, gravée dans le marbre de rapports officiels – songeons au rapport Gallois (2012) ou Beffa-Chrome (2013) –, mobilisée dans la plupart des discours politiques à l'encontre de Bruxelles, au point d'être devenue une vérité d'évidence. Pourtant, sur un plan factuel, cette vérité d'évidence apparaît manifestement... fausse.

Pour s'en convaincre, il suffit de se reporter aux statistiques de la Commission européenne sur le « contrôle des concentrations », terme qui désigne la procédure de notification à laquelle doivent se soumettre les entreprises candidates au mariage. Une procédure qui n'a d'ailleurs rien d'original : elle existe aujourd'hui dans 140 pays, parfois depuis longtemps comme aux Etats-Unis. Dans le cas de l'Europe, les chiffres parlent d'eux-mêmes : sur 6 785 opérations contrôlées par Bruxelles, 27 ont été interdites depuis 1990, soit... 0,4 % des cas ! Si l'on considère que les retraits de notification ont été motivés par la seule crainte d'un veto de la Commission, le constat ne change guère : 3 % des projets de mariage auraient été bloqués ou découragés. A contrario, on peut relever que 94 % des opérations ont été acceptées sans aucune condition et 6 % avec des engagements émanant des entreprises, parfois non-européennes. Difficile à vrai dire de parler d'un interventionnisme tatillon.

Mais comment expliquer qu'une affirmation manifestement erronée puisse durablement prospérer ? Une première réponse peut être trouvée dans un événement qui a marqué les esprits en France en 1999. La Commission européenne avait alors mis son veto au projet de fusion entre deux géants français du matériel électrique, Schneider et Legrand, créant un véritable tollé politique dans notre pays. Et ce d'autant que la Commission s'était trompée dans son analyse : trois ans plus tard en effet, le tribunal de première instance annulait la décision d'interdiction, au motif que le raisonnement économique tenu par Bruxelles était entaché d'erreurs et d'omissions ! Mais cet événement ponctuel, aussi fâcheux soit-il, doit-il encore tenir lieu d'argument général dix-huit ans plus tard, alors même que la Commission s'est montrée depuis plus prudente ?

Une seconde réponse réside dans le fait qu'il peut y avoir un bénéfice secondaire à perpétuer une idée fausse : cela évite de se remettre en question. Les idées fausses sont souvent d'utiles boucs émissaires : si nous n'avons pas assez de nouveaux champions industriels, de taille mondiale – ce qui est vrai – c'est tout simplement la faute de Bruxelles. En réalité, c'est surtout la conséquence de nos propres choix internes de politique économique et fiscale, qui n'ont pas assez encouragé l'esprit d'entreprise et la croissance de nouveaux géants.

Investisseurs : Bienvenue en France !

En 2015, le gouvernement français a dissuadé le rachat du site français de vidéos Dailymotion par l'opérateur américain Yahoo. Est-il légitime de s'inquiéter de la nationalité d'un actionnaire privé ? Oui, lorsque les activités rachetées peuvent porter atteinte à la sécurité publique ou la défense nationale : il est alors légitime que l'Etat exerce son droit de regard. Mais lorsque la définition des « secteurs stratégiques » devient trop large et floue, alors l'interventionnisme étatique, même drapé dans les oripeaux du « patriotisme économique », devient problématique.

Tout d'abord, nous courrons le risque d'un « effet boomerang » : si nous refusons à certains pays étrangers le droit de racheter nos entreprises, pourquoi ne feraient-ils pas de même avec nous ? Nous avons beaucoup à perdre : les entreprises françaises sont particulièrement conquérantes hors de nos frontières.

Ensuite, une politique imprévisible en matière d'investissements étrangers détournera de notre territoire de nouveaux opérateurs qui préféreront s'implanter dans des pays limitrophes par crainte d'une réaction hostile de nos décideurs publics.

Enfin, nous risquons de laisser nos entreprises s'endormir sur leurs lauriers et prendre ainsi un coupable retard dans la compétition économique et technologique. Ce risque n'a rien de théorique : une étude sur le cas américain a montré que dans les Etats où existent des lois empêchant les rachats hostiles, la rentabilité des entreprises s'est réduite de manière significative, à cause d'une dérive des coûts de production et d'une protection injustifiée des managers.

Cet interventionnisme sélectif donne le sentiment que nous discrimi-nons les investisseurs selon leur nationalité : en quoi le fait qu'une entreprise française soit désormais détenue par un actionnaire chinois ou brésilien influerait-il négativement sur ses performances ? Rien ne permet de l'affirmer. On nous objectera que le rachat d'une entreprise peut conduire le nouvel actionnaire à modifier la localisation des centres de décision, des usines et donc des emplois, hors de notre territoire. Mais il n'y a aucune fatalité à la délocalisation : lorsque l'américain Quicksilver a racheté le leader français du ski Rossignol, les activités ont été regroupées en France et le nouvel actionnaire suédois a poursuivi ce travail de « relocalisation » en Savoie.

Au lieu de vouloir empêcher les étrangers de racheter nos entreprises, demandons-nous comment leur donner envie d'investir chez nous pour améliorer notre productivité, injecter de l'argent frais dans notre économie et créer de la richesse et des emplois… sur notre territoire. La réponse est assez simple : en étant attractif à leurs yeux, par nos compétences et nos savoir-faire. Regardons ce qu'ont fait les Anglais dans l'automobile : alors que leur industrie était moribonde, ils n'ont pas hésité en 2008 à laisser l'Indien Tata Motors racheter leurs fleurons Jaguar et Land Rover, tandis que Volkswagen s'emparait de Bentley et BMW de Mini. Résultat : après un énorme travail de montée en gamme et de restructuration, le Royaume-Uni est redevenu un producteur de premier plan, avec 1,5 million de voitures fabriquées sur son sol et exportées à 75 %. La reine Elizabeth ne s'y est pas trompée : elle est venue en personne inaugurer en 2014 une nouvelle usine de moteurs Jaguar, qui emploiera 1 400 personnes et créera 4 000 emplois indirects. Pas en Inde : dans l'ouest de l'Angleterre.

Relocaliser en France ?
Facile à dire, difficile à faire

« Relocalisation ! » : voilà le mot d'ordre qui revient souvent dans la bouche des populistes en matière de lutte contre le chômage. L'argument a l'apparence du bon sens : si les entreprises françaises fabriquaient leurs produits en France plutôt qu'à l'étranger, ce serait autant d'emplois créés sur notre territoire. Pas si simple.

Rappelons tout d'abord que lorsqu'une entreprise française s'implante à l'étranger, c'est le plus souvent pour conquérir de nouveaux marchés : rien de mieux pour vendre des cosmétiques en Chine que d'être présent sur le marché chinois. Cela permet d'être au plus près des besoins des clients, en adaptant les produits à la demande locale. Il ne faut donc pas confondre délocalisation – opération par laquelle on ferme une usine en France pour l'implanter dans un pays à bas coût — et multinationalisation, opération qui consiste à croître en ouvrant des filiales à l'étranger. Les délocalisations représentent, selon une étude de l'Insee, moins de 10 % des investissements à l'étranger des entreprises françaises.

Plus encore, imposer à une entreprise de relocaliser sa production en France se heurte à une vraie difficulté pratique : nous sommes entrés dans l'ère des « chaînes de valeur mondiales ». Une entreprise ne délocalise plus la totalité de sa production dans un seul lieu mais décompose chaque étape de son produit dans plusieurs pays, avant d'assembler le tout dans un autre pays : par exemple, les tâches intenses en travail peu qualifié et à faible valeur ajoutée, telles que l'assemblage final, sont localisées dans un pays comme la Chine ; à l'inverse, la R&D ou le marketing sont effectués dans un pays développé.

Si « relocaliser » consiste à obliger une entreprise française à réaliser l'assemblage final de son produit en France plutôt qu'au Maroc, le coût de production va mécaniquement augmenter, compte tenu du coût du travail dans notre pays. Cette hausse des coûts peut être significative dans une industrie comme l'automobile : elle sera alors répercutée dans… le prix de vente au consommateur. Est-on sûr que les Français continueront à acheter autant de Logan si leur prix de vente venait à augmenter ? De plus, relocaliser la seule étape d'assemblage d'un produit n'est pas très créatrice de valeur ajoutée et porte essentiellement sur des emplois peu qualifiés : est-on certain que l'ambition ultime de la France soit de devenir une « usine tournevis », au même titre qu'un pays émergent ?

Si relocaliser consiste à imposer à l'entreprise de tout fabriquer en France, y compris ses composants, les coûts de production vont alors exploser. Une étude américaine sur le cas de l'iPhone fournit un éclairage intéressant. Apple dispose de 766 fournisseurs, répartis dans 28 pays : une majorité d'entre eux sont localisés en Chine (45 %) et au Japon (16 %). Relocaliser toute la production des composants ainsi que l'assemblage de l'iPhone aux Etats-Unis conduirait à un surcoût de… 100 dollars par smartphone.

Il est surtout naïf de penser que la relocalisation, même forcée, se décrète d'un coup de baguette magique : elle prend du temps et impose notamment de réorganiser toute la chaîne de valeur. Il va falloir déconstruire un écosystème de sous-traitants et de filiales, répartis aux quatre coins du monde, pour en reconstruire un sur le seul territoire français. Bref, la relocalisation forcée est une idée qui n'a plus grand sens dans le monde économique d'aujourd'hui.

Le mirage des relocalisations forcées

« Relocalisez vos usines ou vous serez taxés sur vos importations ». Voilà le mot d'ordre du président Donald Trump à l'adresse des industriels américains. L'idée est aussi simple que séduisante : si Ford renonce à produire ses berlines au Mexique, ce sont autant de jobs qui seront créés demain dans le Michigan. Mais cette injonction repose sur un raisonnement économique pour le moins douteux.

Rappelons tout d'abord que les délocalisations, stratégies consistant à fabriquer dans un pays à bas coût pour réimporter ensuite la production, restent un phénomène assez limité : dans le cas de la France, 4,2 % des entreprises ont procédé selon l'Insee à une délocalisation au cours de la période 2009-2011. A vrai dire, l'implantation d'une entreprise à l'étranger obéit le plus souvent à une logique de conquête de nouveaux marchés, la présence sur place étant indispensable pour adapter le produit aux attentes locales. On assiste même dans certaines industries comme le luxe à des relocalisations choisies, pour des raisons d'image de marque ou de suivi de la qualité. Il en résulte que les délocalisations expliquent une faible part du déclin de l'emploi industriel : entre 10 et 20 % dans notre pays.

La relocalisation, dès lors qu'elle est « forcée », va se traduire par une hausse du coût salarial : une usine implantée dans un pays à faible coût du travail est remplacée par une unité de production dans un pays où les salaires sont élevés. L'ampleur du choc va dépendre de l'écart de coût salarial, de la productivité et de la part du coût du travail dans la valeur ajoutée : si Apple devait relocaliser l'assemblage de ses iPhones aux Etats-Unis – en lieu et place de la Chine — l'impact serait vraisemblablement faible, compte tenu de la part anecdotique de l'assemblage dans le coût d'un smartphone. Il n'en va pas de même pour des productions plus intenses en travail comme l'automobile : si la Logan devait être produite en France – et non au Maroc ou en Roumanie — le choc sur les coûts serait sans doute important.

Plus inquiétant encore, la relocalisation « forcée » vient déstabiliser toute la chaîne de production. En effet, à l'heure de la globalisation, un produit est plus que jamais l'assemblage de multiples composants, venant des quatre coins du monde : dans le cas d'un iPhone, ils viennent de 28 pays différents, dont beaucoup sont situés en Asie (Corée du Sud, Japon). Chaque produit est agencé dans une chaîne logistique globale et complexe, où la localisation de chaque sous-traitant permet d'optimiser les délais et de réduire les coûts de transport. Déstabiliser un maillon de la chaîne revient à remettre en cause tout l'écosystème productif, à perdre en agilité, en rapidité et en économies d'échelle.

La relocalisation forcée va donc faire augmenter les coûts… ce qui se répercutera dans le prix de vente : ce sont les consommateurs qui paieront au final l'addition. Les emplois sauvés doivent donc être mis en balance avec le surprix imposé à des millions de clients : on peut craindre, comme dans le cas d'une taxe douanière, que le bilan final ne soit largement négatif.

La hausse du prix de vente peut même conduire à une situation assez paradoxale, dans laquelle le marché disparaît, faute de clients : qui serait en effet prêt à payer une Logan, si elle était relocalisée en France et vendue… au prix d'une voiture classique ?

Quand les marques nous parlent

Interbrand a publié son palmarès 2016 des 100 plus grandes marques globales, sur la base d'une analyse multicritères mêlant performances financières, notoriété et risques de la marque. Quelles que soient les limites méthodologiques de l'étude, trois enseignements peuvent en être tirés.

Tout d'abord, les grandes marques mondiales restent l'affaire des pays développés. Certes, la Chine a opéré son rattrapage technologique, au point de déposer aujourd'hui brevets et marques à tour de bras. Pourtant, force est de constater que la Chine n'existe pas encore vraiment dans le cœur des clients, à l'exception notable de produits technologiques comme les smartphones (Huawei) ou les ordinateurs (Le Novo). Etats-Unis et Europe se partagent sans conteste le podium mondial, avec 52 marques américaines et 35 européennes dans le top 100. Le Japon (6 marques) et la Corée du Sud (3) parviennent à exister, dans deux secteurs qui ont fait leur fortune depuis 40 ans : l'électronique et l'automobile.

Ensuite, en comparant les classements entre 2001 et 2016, on y retrouve souvent les mêmes marques, bien que leur place puisse fortement changer. Pour faire simple, les marques leaders de l'automobile, du luxe, de la grande consommation, de la distribution, de la banque/assurance, du divertissement sont les mêmes aujourd'hui qu'il y a quinze ans, à l'image de Coca-Cola, Mercedes ou Disney. Cette relative stabilité nous enseigne que, si l'entrée dans un secteur est toujours possible, il est par contre très difficile de s'y faire une place au soleil.

Deux exceptions toutefois : dans la high-tech, une innovation de rupture comme l'iPhone d'Apple, désormais première marque globale, a conduit à faire sortir du classement des entreprises comme Nokia ou

Ericsson. Idem dans la photo, avec la sortie de Kodak. Mais surtout, l'essor du numérique s'est traduit par l'apparition de nouveaux géants comme Facebook (née en 2004), PayPal (née en 1998) ou Google (née en 1998), qui n'étaient pas présents dans le classement de 2001.

Dernier constat : les nouvelles marques qui se sont imposées au niveau global depuis 15 ans nous viennent presque toutes des Etats-Unis. Il faut sans conteste y voir la capacité de l'économie américaine à faire émerger rapidement de nouveaux acteurs dans de nouveaux domaines d'activité et à renouveler des secteurs traditionnels comme l'automobile, avec Tesla (née en 2003) ou la distribution avec Amazon.

Par contraste, l'Europe se caractérise par la présence de grandes marques établies et anciennes, la plus récente étant l'entreprise espagnole Zara, née… en 1975. Aucune entreprise du numérique n'y figure. Le cas de la France est à cet égard symptomatique : notre pays affiche 8 marques globales, dont 6 appartiennent au seul secteur du… luxe. Le contraste avec l'Allemagne est saisissant, qui, sur 9 marques du top 100, aligne… 5 marques automobiles et un géant des biens d'équipement (Siemens).

La photographie annuelle des grandes marques ne nous renseigne pas seulement sur les mutations sectorielles que traverse l'économie mondiale. Elle nous parle aussi de résilience des entreprises et d'ADN des pays. La globalisation n'a pas effacé l'histoire

Le monde des start-ups : Station F

Paris a inauguré en 2017 Station F, le plus grand campus de start-up au monde, initié par Xavier Niel. Cet engouement pour les jeunes pousses est-il vraiment justifié sur un plan économique ?

A vrai dire, pour un pays développé, le secret de la croissance réside aujourd'hui dans les gains de productivité, c'est-à-dire dans sa capacité à produire toujours plus efficacement. Ces gains ne tombent pas du ciel : ils résultent de facteurs bien connus, tels que le niveau d'éducation de la population, l'investissement en R&D ou bien encore la qualité des institutions. Mais une autre variable s'est invitée dans l'équation : le renouvellement des entreprises.

En effet, si l'on en croit plusieurs études empiriques sur des données américaines, l'entrée et l'essor de nouvelles pousses, plus efficaces, viennent doper la productivité, et ce d'autant qu'elles incitent les entreprises en place, menacées par l'arrivée de ces jeunes disrupteurs, à réagir en étant à leur tour plus performantes, au risque sinon de décliner. Bref, dans un monde de « destruction créatrice », le dynamisme entrepreneurial constituerait un levier crucial de performance macroéconomique.

Dans ce contexte, il devient stratégique pour un pays de favoriser non seulement la création d'entreprises – plus de 550 000 ont vu le jour en France en 2016 – mais aussi et surtout de permettre à ces jeunes pousses de devenir rapidement de nouveaux géants. Pour juger du dynamisme d'une économie, c'est donc plus l'âge moyen des entreprises que leur taille qui importe : une économie composée exclusivement de géants d'hier ou d'une multitude de PME anciennes sera moins propice aux gains de productivité qu'une économie faite d'entreprises jeunes mais en forte expansion.

La pyramide des âges des grandes entreprises constitue à cet égard un indicateur utile : comparativement aux Etats-Unis, où Uber, Tesla ou Twitter n'existaient pas il y a quinze ans, les nouveaux géants se comptent dans notre pays sur les doigts de la main. Pour s'en convaincre, il suffit par exemple de jeter un coup d'œil sur la composition de notre CAC 40 : l'entreprise la plus jeune de l'indice, Sanofi, est née en… 1973.

Mais la dynamique entrepreneuriale d'un pays ne se décrète pas : elle résulte d'une subtile alchimie, dans laquelle le facteur humain joue le rôle central. Du côté des salariés, la turbulence économique ne sera acceptable socialement que si elle ne joue pas contre eux : la formation initiale et continue doit permettre d'accompagner les transitions des salariés d'un emploi à l'autre, d'une entreprise à l'autre, d'un secteur à l'autre. L'adage « Protégeons les travailleurs plutôt que les emplois » n'a jamais pris autant de sens. Du côté des créateurs d'entreprise, la capacité à faire venir ou revenir en France les nombreux talents partis tenter leur chance outre-Atlantique ou ailleurs sera également décisive.

A l'heure où les Etats-Unis s'interrogent sur leur capacité à renouveler leur tissu industriel – selon une étude de la Brooking Institution, l'économie américaine serait devenue moins « entrepreneuriale » depuis 2006, avec une chute marquée du taux d'entrée des nouvelles entreprises – notre pays dispose aujourd'hui d'une formidable opportunité pour devenir le nouvel eldorado des start-up. Tentons notre chance !

Dessine-moi une politique industrielle

A l'occasion des rapprochements Alstom /Siemens (ferroviaire) et STX/Fincatieri (chantiers navals) en 2017, notre politique industrielle a marqué une inflexion par rapport à la tradition française du « Meccano industriel ».

Pendant longtemps en effet, nos décideurs publics aimaient marier les entreprises françaises entre elles, dans le but de créer des champions nationaux. Mais à l'heure de la globalisation, la taille critique et les synergies se jouent désormais à l'échelle mondiale : la bataille industrielle impose donc de voir plus grand et plus loin. Airbus avait ouvert la voie en Europe dans l'aéronautique civile il y a quarante-cinq ans déjà, face à Boeing et McDonnell Douglas. Dans le cas du ferroviaire, les rivaux d'Alstom/Siemens se nomment CRRC, un géant chinois, ou Hitachi, entreprise japonaise.

La politique industrielle française s'est également longtemps nourrie de « patriotisme économique » mais cette notion a beaucoup perdu de sa substance. En effet, la nationalité d'une entreprise se lit moins aujourd'hui dans l'origine géographique de ses actionnaires que dans son histoire, sa culture interne, ses valeurs, ses marques. Par exemple, le fait que le Club Med soit détenu depuis 2015 par un fonds d'investissement chinois lui enlève-t-il pour autant son ADN… français ? Qui pense que Jaguar n'est plus une marque anglaise, au motif que son actionnaire majoritaire est depuis 2008… l'indien Tata Motors ?

Par ailleurs, s'agissant du rachat d'entreprises françaises par des intérêts étrangers, notre politique industrielle a longtemps été teintée de protectionnisme, au motif que les cibles relevaient de secteurs dits « stratégiques ». S'il est légitime pour un pays de s'inquiéter d'une prise de contrôle pour des raisons de sécurité nationale, tout actif économique ne saurait pour autant être considéré comme « stratégique ». Sans méconnaître la valeur technologique d'Alstom ou de STX, il est donc assez logique que des entreprises de construction navale ou de matériel ferroviaire puissent faire l'objet d'un rachat ou d'un partenariat avec des opérateurs étrangers. Et ce d'autant que les entreprises françaises ne se privent pas de leur côté de faire leurs emplettes à l'étranger, à l'image de Peugeot qui a repris Opel en 2017.

En dernier lieu, le rapprochement entre Alstom et Siemens rompt avec une vision qui assimilait politique industrielle à capital public, le cas extrême étant la nationalisation. L'expérience passée a toutefois démontré que l'actionnariat public n'était pas toujours le gage d'une réussite industrielle et financière. Il n'y a en effet aucune raison de supposer qu'un actionnaire public soit par nature plus éclairé et avisé dans ses choix qu'un actionnaire privé, soumis au risque de faillite. Au fond, dans un monde économique devenu aussi imprévisible que disruptif, la première des politiques industrielles consiste à développer un terreau économique favorable à l'éclosion de nouveaux géants : formation des individus, incitation à l'innovation, stabilité réglementaire, fiscalité du capital et du travail attractive. Cette politique industrielle n'est en réalité rien d'autre qu'une bonne politique de compétitivité, menée à l'échelon national mais aussi... européen.

Mettre du service dans l'industrie

Le constat d'un déclin tendanciel de notre industrie n'est plus à faire, tant les chiffres sont éloquents : en l'espace de 40 ans, sa part dans l'économie a été divisée par deux, pour représenter en 2017 10 % du PIB. Un bref clin d'œil sur le CAC40 confirme ce constat : en 1987, Peugeot, Air Liquide, Saint-Gobain ou Alcatel figuraient parmi les principales capitalisations boursières. En 2017, seul Airbus est présent au sein du top 10.

Faut-il en conclure que notre industrie est définitivement « has been » et ne jurer que par les services, qui se taillent déjà la part du lion, avec 72 % du PIB ? On pourrait alors envisager un scénario extrême, dans lequel les industriels désinvestiraient massivement la production d'objets pour se reconvertir dans les services liés aux objets. Tel est le scénario choisi par une entreprise comme IBM aux Etats-Unis il y a 20 ans, en revendant progressivement son activité d'ordinateurs au chinois LeNovo, pour se centrer principalement sur les services de conseil, le cloud et l'analyse de données. Mais une autre option est possible pour l'industrie : outre la montée en gamme, elle consiste à enrichir et accompagner les produits avec des services complémentaires et à forte valeur ajoutée.

Telle est la voie que semblent emprunter aujourd'hui certains acteurs de l'industrie automobile européenne. Ainsi, après avoir investi dans l'autopartage et dans une application de réservation de transport, le groupe Daimler – propriétaire des marques Mercedes et Smart – vient d'annoncer qu'il prenait le contrôle de Chauffeur Privé, second acteur français de VTC. Les constructeurs français semblent engagés dans la même direction : Renault a racheté en septembre 2017 le VTC Marcel et investi dans la location de voitures en libre-service avec Renault Mobility ; de son côté, Peugeot a lancé son application Free2Move.

Bref, les industriels de l'automobile tentent d'aller au-delà de leur activité première et principale, pour se positionner comme des acteurs à part entière de la mobilité des individus, particuliers comme professionnels. Sans aller jusqu'à devenir des opérateurs de l'intermodalité, ils tentent de couvrir l'ensemble du spectre des usages possibles d'une voiture : achetée, partagée, louée, conduite soi-même ou par un tiers. Ils anticipent ainsi le sens de l'histoire et du marché : demain, pour le client, la voiture sera de moins en moins un objet statutaire ; elle deviendra un simple outil, parmi d'autres, pour satisfaire le besoin de se déplacer. La valeur ajoutée d'un constructeur automobile résidera alors dans sa capacité à offrir des solutions efficaces et pratiques pour y répondre.

Mais pour que cette nouvelle stratégie alliant produits et services – à savoir automobiles et solutions de mobilité — soit demain une pleine réussite, les constructeurs vont devoir opérer une petite révolution copernicienne : passer d'une approche fondée sur la vente instantanée d'une voiture à la mise à disposition aux clients d'une palette de services, dans la durée, et dont la voiture n'est plus que le support. Dit autrement, mettre le service au centre de leur activité… industrielle.

Chapitre 7

La France a tout pour réussir : Miser sur nos excellences !

Si notre commerce extérieur affiche depuis maintenant 15 ans un déficit abyssal –oscillant entre 40 et 50 milliards chaque année- nous réalisons encore quelques belles performances à l'exportation dans des secteurs comme l'aéronautique ou les produits du terroir. Nos succès à l'international se résument presque à un trio gagnant : *des Rafales, des fromages et du luxe (p. 175)*. Ces produits, pourtant très différents, ont comme point commun l'excellence, qu'elle soit technologique ou des savoir-faire. Telle est d'ailleurs l'image que les étrangers se font de notre pays : l'identité économique française est souvent assimilée au luxe, aux innovations technologiques, à l'art de vivre, à la « French touch » qui nous distinguent des autres pays.

Bref, nous avons tout en nous pour nous insérer avec succès dans la mondialisation, si nous parvenons à mieux valoriser nos points forts et notre singularité. Notre ambition n'est pas de nous replier sur nous mêmes, d'importer moins, mais d'exporter plus, à destination des zones géographiques à forte croissance et en misant sur des produits à forte valeur ajoutée. *L'exemple d'Airbus qui a signé en 2016 un contrat record avec la low cost indienne Indigo (p. 179)* illustre parfaitement cette stratégie d'ouverture conquérante.

Mais encore faudrait-il que nous menions une politique de monter en gamme de toutes nos productions, pour que les promesses soient au rendez-vous, en misant sur la qualité plutôt que sur les prix bas. L'enjeu d'une politique de compétitivité hors-prix est de retrouver une forme *d'identité économique française (p. 177).*Cette ambition suppose d'investir massivement dans l'éducation et la formation : pas de qualité des produits sans qualification des hommes. Elle suppose également de diversifier les voies de la réussite professionnelle, en reconnaissant davantage la diversité des excellences. L'enjeu d'une politique de compétitivité doit être de *miser sur la qualité plutôt que le prix (p. 181).*

Dans ce contexte, le label Made in France ne doit plus être un logo de complaisance qui masque la faible qualité de nos produits : un « *made in France* » apposé sur un mauvais produit ne le rendra pas meilleur pour autant. Le Made in France doit être pensé comme le résultat d'une politique de montée en gamme et non comme son préalable ou son substitut : *remettons le Made in France à l'endroit (p. 183).* De même, nous ne devons pas avoir une vision trop étroite de la « nationalité » d'un produit, à l'heure des chaines de valeur globales : nos produits sont à la fois *nés en France et Made in the world (p. 185).*

Miser sur nos excellences n'est pas seulement affaire d'histoire ou de regard porté par les étrangers : c'est surtout une stratégie qui se révèle payante sur le plan économique. Elle permet d'accroître les marges et d'échapper à la redoutable concurrence par les prix exercée par les pays émergents. *Le secteur du luxe (p. 189)*, dont nous sommes les leaders mondiaux avec l'Italie, le démontre chaque jour : l'excellence des savoir-faire permet aux géants du luxe de bénéficier d'un véritable *pricing power*.

Miser sur nos excellences, c'est aussi nous rendre moins dépendant des fluctuations du taux de change de l'euro. Il est d'ailleurs illusoire de miser sur une dépréciation de l'euro pour résoudre notre déficit commercial : une baisse de l'euro stimulera certes nos exportations mais ... renchérira le prix de nos importations. Une politique de dépréciation de l'euro *(p. 187)* mène à une impasse car elle nous enferme dans une logique de compétitivité par les prix.

L'excellence à laquelle nous devons parvenir ne doit plus être cantonnée à quelques secteurs comme le luxe ou les produits du terroir : elle peut et doit irriguer l'ensemble des secteurs, y compris de l'industrie lourde, comme le démontre *l'exemple des chantiers navals (p. 191)* de Saint Nazaire, qui ont connu une véritable renaissance grâce à leur positionnement sur les paquebots haut de gamme. De même, l'excellence est très liée à notre capacité à être inventif, créatif, comme l'illustre *notre industrie des jeux vidéo (p. 193)*, qui figure parmi les plus dynamiques au monde. Autre exemple : en France, *on n'a pas de pétrole mais des touristes (p. 195)*. Pourtant, notre industrie touristique n'a pas réussi à ce jour à tirer parti de son formidable potentiel, en misant trop sur les volumes et pas suffisamment sur la qualité. Le tourisme ne doit plus être perçu comme une rente naturelle, mais comme un actif dont la valeur peut être augmentée grâce à la montée en gamme.

Excellence française :
Des Rafales, des fromages et du luxe

La vente de Rafale à l'Egypte en 2015 vient donner un salutaire coup de fouet à nos exportations ; pour autant, elle ne saurait occulter la situation critique de notre commerce extérieur. Ce qui frappe, c'est l'ampleur et la persistance de notre déficit, passé en l'espace d'une décennie de – 5,7 milliards à – 54 milliards d'euros. La baisse récente du prix de l'énergie a certes réduit la facture mais ne change rien au constat : notre déficit commercial est d'abord structurel.

Nous avons perdu en dix ans plusieurs points forts. En particulier, notre industrie automobile a connu le grand plongeon, passant d'un excédent de 11,8 milliards en 2003 à un déficit de 5,6 milliards en 2013. Du côté de nos points faibles, nous avons creusé nos pertes, en important toujours plus de textiles-vêtements, tandis que le secteur de l'électronique-informatique voyait son déficit doubler.

En termes de partenaires, notre déficit commercial avec l'Allemagne et la Belgique réunies est équivalent à celui... avec la Chine, de l'ordre de 25 milliards en 2014. En une décennie, nous avons perdu nos excédents commerciaux avec des pays comme les Etats-Unis ou l'Espagne et accentué nos pertes avec l'Italie ou les Pays-Bas. Hormis le Royaume-Uni et la Suisse, nous n'avons plus aucun solde positif avec nos partenaires européens : difficile dans ces conditions de faire porter tout le poids de nos difficultés sur la supposée « concurrence déloyale » des pays émergents. Notre problème, c'est aussi et surtout la zone euro.

La raison de notre déclin est simple : entre une Chine qui mise sur le bas coût et une Allemagne qui mise sur le hors-prix, notre pays s'est retrouvé pris en tenaille. D'un côté, nous sommes trop chers par rapport aux produits asiatiques ou même espagnols ; de l'autre, nous ne sommes pas assez positionnés sur le haut de gamme et la qualité pour justifier nos tarifs, notamment par rapport aux produits allemands ou américains. Bref, nous avons un positionnement qualité/prix défavorable.

Mais tout n'est pas perdu ; trois secteurs phares retiennent l'attention : l'aéronautique, le luxe et les produits du terroir. A eux seuls, ils représentent un excédent commercial qui dépasse les 50 milliards d'euros. Mais quel peut bien être le point commun entre des avions, des parfums et des fromages AOC ? L'excellence. L'excellence technologique d'Airbus et du Rafale ; l'excellence des créateurs et de la main pour les parfums et la maroquinerie de luxe ; l'excellence des savoir-faire dans le cas des fromages, vins et spiritueux.

Ces secteurs leaders nous montrent la voie à suivre : misons sur la montée en gamme de toutes nos productions et développons la « compétitivité hors prix ». Une compétitivité qui se façonne dans les laboratoires de recherche, à coup de R&D et de brevets, mais aussi grâce au design, à la créativité, à la qualité de fabrication, aux innovations commerciales, aux délais de livraison, aux services qui accompagnent le produit.

Une compétitivité qui nécessite d'opérer en parallèle une montée en gamme de nos qualifications : pas de qualité des produits sans qualification des hommes. Luttons sans relâche contre l'illettrisme et contre le décrochage scolaire (200 000 élèves chaque année). Rendons l'apprentissage plus attractif. Valorisons davantage les métiers de la main et créatifs. Bref, passons d'une société de la « connaissance » destinée à quelques élus, à une société des excellences, ouverte à tous.

Une identité (économique) française

Dans une France minée par la défiance et la crainte, il est urgent de nous réinventer un avenir commun, de réaffirmer ce que nous sommes et voudrions être demain. Nous n'échapperons pas à l'indispensable débat sur « l'identité française ». Mais ce débat mériterait d'être porté sur un terrain autre que celui, mouvant, périlleux et rebattu de l'histoire, des valeurs et des personnes. Et si, pour une fois, on se demandait quelle pourrait être notre identité économique ?

La manière la plus simple de répondre à cette question est sans doute de se tourner vers les 3 milliards d'habitants du nouveau monde. Indiens, Chinois, Brésiliens nous répondraient alors presque tous la même chose : la France, c'est d'abord un certain art de vivre, le luxe, la cuisine, le parfum, le champagne, les paquebots et les avions. Ils voient assez juste. Pour s'en convaincre, il suffit de se plonger un instant dans les statistiques de notre commerce extérieur : dans l'océan de notre déficit commercial (45 milliards en 2015) surnagent quelques pépites à l'export comme l'aéronautique, les matériels de transport, le luxe, les produits du terroir, la chimie/parfums/cosmétique. Le point commun entre toutes ces activités, pourtant si différentes ? L'excellence et la créativité sous toutes les formes.

Prenons l'exemple de l'industrie du luxe : nous détenons avec les Italiens une position de leadership mondial sur le segment du luxe à la personne. Dans ce secteur, nous parvenons même à faire la « mondialisation à l'envers » : ce ne sont pas les ouvriers chinois qui remplacent les ouvriers français ; ce sont les ouvriers qualifiés et créatifs français qui exportent leur savoir-faire et leur talent vers la Chine. La mondialisation n'est plus seulement une machine à délocaliser et à comprimer les coûts ; elle devient aussi une formidable opportunité de conquérir le monde, pour lui vendre des produits différents et à forte valeur ajoutée.

Mais l'excellence ne se cantonne pas, loin s'en faut, au seul secteur du luxe : elle peut toucher en réalité toutes les activités, dès lors que la qualité et l'originalité s'en mêlent. Le boulanger qui vend ses croissants à New York ; le viticulteur qui exporte son terroir ; l'artisan qui se spécialise dans les verres en cristal ; l'ingénieur qui conçoit de nouveaux sièges d'avion ; l'hôtelier qui mise sur le service et l'accueil : chacun peut contribuer, à sa mesure et à sa manière, à cette France des excellences.

L'excellence de la production est une matrice qui peut rassembler tous les Français, autour de valeurs fortes comme le goût de l'effort et du travail bien fait. Elle peut redonner du sens, de l'ancrage local, de la fierté nationale à une mondialisation trop souvent vécue comme anonyme. Elle permettrait aussi de diversifier les voies de la réussite et d'en finir avec la tyrannie de l'excellence unique : s'accomplir comme pâtissier n'est pas moins méritant que de sortir d'une grande école.

Cette ambition, cette exigence mériteraient d'être portée politiquement, au travers d'un message simple mais fort : notre petit pays, avec son esprit d'Astérix et sa *French touch*, a tout pour réussir dans le vaste monde. Education et formation pour tous, libération des énergies, valorisation de la prise de risques, reconnaissance de tous les talents, récompense du mérite, de l'effort et du travail : tel sont les principaux ingrédients de cette société des excellences. Il nous reste juste à le vouloir.

Des Airbus en Inde pour Indigo : Tout un symbole !

L'annonce de la vente en 2016 de 250 A320 Néo à la compagnie indienne Indigo mérite que l'on s'y arrête : au-delà des 24 milliards d'euros engrangés par Airbus, cette annonce est symptomatique des gains que la France pourrait retirer d'une insertion réussie dans la mondialisation.

Premier enseignement : si l'aéronautique constitue le premier point fort de notre commerce extérieur, ce n'est pas un hasard. C'est parce que nous avons fait depuis 40 ans le choix de l'excellence technologique. Au-delà de l'aéronautique et de la technologie, force est de constater que chaque fois que la France a misé sur l'excellence, elle en est sortie gagnante. Que ce soit l'excellence de la main, de la qualité de fabrication, de la créativité, de la réputation avec l'industrie du luxe ; ou que ce soit l'excellence des traditions et des savoir-faire avec les « produits du terroir » comme les fromages ou les spiritueux. Bref, plus que jamais, nous devons faire dans toutes nos productions, y compris les plus confidentielles, le choix de la compétitivité par le haut, de la qualité et de la montée en gamme.

Deuxième enseignement : si nous voulons une croissance plus forte en France, nous devons aller la chercher là où elle se trouve, c'est-à-dire à l'exportation. Après la vente de 234 appareils à la compagnie indonésienne Lion Air, ce n'est pas un hasard si Airbus a conclu un contrat avec une compagnie indienne. L'Asie connaît un taux de croissance de l'ordre de 5 %, qui atteint même les 7 % dans le cas de l'Inde ; 5 % par an, cela signifie tout simplement que la richesse du continent asiatique doublera en l'espace de 14 ans, conduisant ainsi au développement d'une large classe moyenne et de son corollaire : la consommation de masse. Mais pour tirer parti de cette manne, encore faudrait-il que nous tournions le dos à la doctrine du bouc émissaire qui nous fait parfois pointer du doigt « la concurrence déloyale des pays à bas coût », aux discours politiques du repli sur soi, déguisés aujourd'hui sous le doux vocable de « protectionnisme intelligent ».

Si nous voulons exporter vers la Chine, le Brésil ou l'Inde, ne nous leurrons pas : nous devons accepter en retour d'ouvrir aussi notre économie à leurs produits et de renoncer à certaines productions, notamment à faible valeur ajoutée. Le commerce international marche dans les deux sens et il serait illusoire de penser que nous pourrions nous protéger sans craindre un sévère retour de bâton à l'exportation. Notre objectif ne doit pas être d'importer moins de téléphones portables, de produits textiles ou d'ordinateurs d'Asie pour les produire nous-mêmes, mais d'exporter beaucoup plus d'avions et de produits à forte valeur ajoutée vers l'Asie et le reste du monde.

Dernier enseignement : le contrat d'Airbus a été conclu avec la compagnie Indigo, une low-cost née il y a moins de dix ans mais devenue le premier opérateur sur le marché indien. Partout dans le monde, le trafic sur le moyen-courrier est tiré par les low-cost. Au-delà de l'aérien, ce sont bien les nouveaux modèles économiques qui viennent dynamiser la productivité, facteur clé de la croissance. Plutôt que de refuser l'évidence, et de nous abriter derrière de fragiles digues, emparons-nous de la nouveauté, fût-elle disruptive, et accompagnons-la pour la transformer en opportunité de création de richesses !

Misons sur la qualité plutôt que le prix

Depuis 2012, le coût horaire de la main d'œuvre a connu dans notre pays une hausse modérée, conduisant ainsi à réduire l'écart avec l'Allemagne. Notre pays commence ainsi à redresser la barre en matière de compétitivité-coût, après des années de dérive. Les entreprises françaises vont donc retrouver un peu d'air pour restaurer progressivement leurs marges.

Mais qu'allons-nous faire de ce retour à meilleure fortune ? Deux voies différentes s'offrent à nous, si l'on considère que nos produits souffrent à l'export d'un rapport qualité/prix défavorable.

Soit nous en profitons pour baisser les prix, sans toucher à la qualité, afin de regagner les parts de marché perdues. Il s'agit d'une forme de «compétitivité par le bas » qui s'apparente à une dévaluation interne. Cette stratégie est rapide à mettre en œuvre, mais risquée : elle nous rendra encore plus dépendante demain de nos coûts de production. Le moindre choc, notamment sur le cours de l'euro ou des matières premières, viendra effacer les gains de compétitivité-prix. Pire encore, cette stratégie nous fait entrer progressivement en concurrence avec les pays émergents, qui opèrent de leur côté une montée en gamme de leur industrie.

Soit nous mettons à profit la restauration des marges pour investir dans la qualité des produits, histoire de mieux justifier leur prix aux yeux des clients étrangers. Cette « compétitivité par le haut » est plus longue à construire mais elle est plus durable : elle nous permettra demain d'être maître de nos prix à l'exportation et de mieux résister ainsi aux caprices du taux de change et des coûts.

Nos voisins d'outre Rhin ont depuis longtemps fait leur choix: la vraie force de leur économie réside dans leur capacité à pratiquer des marges élevées, grâce à une forte qualité perçue des produits. L'affaire Volkswagen ne changera rien à ce constat, confirmé d'ailleurs par une étude du CAE : sur 102 secteurs étudiés, l'Allemagne parvient à placer 85 secteurs dans le « top 10 » des pays en termes de compétitivité hors-prix, loin devant la France (55 secteurs). Notre pays est d'ailleurs devancé dans ce classement par la Suisse ou l'Italie, qui ont fait le choix de monter en gamme et affichent de fortes positions dans des secteurs comme l'horlogerie, la chaussure ou le textile-vêtement.

Cette compétitivité par la qualité nécessite bien entendu de miser sur l'innovation technologique: point de salut dans l'aéronautique ou la pharmacie sans ingénieurs, sans R&D ou brevets. Mais ne réduisons pas la qualité à une seule composante : elle est plus que jamais plurielle et repose aussi sur le design, la créativité, l'excellence des savoir-faire, les marques, les innovations commerciales, la qualité de service et d'accueil, la réactivité et les délais de livraison, le SAV. La compétitivité par la qualité est un tout, qui se façonne dans les laboratoires de recherche mais aussi dans les usines, ateliers, bureaux et commerces.

Cette « compétitivité par la qualité » existe déjà chez nous dans des secteurs comme l'aéronautique, le luxe ou les produits du terroir où nous disposons d'un vrai leadership à l'exportation. Cette compétitivité est basée d'abord sur un facteur : le capital humain. Pas de qualité des produits sans qualification des hommes.

Remettons le « Made in France » à l'endroit

Longtemps délaissé par nos politiques, le « *made in France* » a trouvé depuis quelques années son mentor en la personne d'Arnaud Montebourg : ministre de l'Economie de 2012 à 2014, il en avait fait l'un de ses chevaux de bataille ; candidat à la primaire socialiste pour l'élection présidentielle de 2017, il remet le couvert en faisant du « *made in France* » l'un des axes clés de son programme. Disons-le tout net : il est réjouissant de voir un prétendant à la fonction suprême s'emparer d'un sujet aussi essentiel pour l'avenir de notre pays. On reste toutefois sceptique sur la manière dont il le mobilise.

Tout d'abord, le « *made in* » ne doit pas être présenté comme une rupture avec la « mondialisation néolibérale » puisqu'il en est en réalité l'aboutissement logique. Plus il y a de participants au banquet du commerce mondial – l'OMC compte 164 membres — plus l'identité économique d'un pays prend de la valeur : l'identité naît de la pluralité et de la confrontation avec les autres. Elle permet à chaque pays de se différencier, de se singulariser et d'échapper ainsi à l'anonymat du produit banalisé.

Ensuite, on ne fait pas du « *made in* » avec tout et partout. Pour être identifiable par les étrangers, le « *made in* » doit être ciblé sur quelques secteurs bien précis. Prenons l'exemple de l'industrie automobile ; s'il y a certes plus de 20 pays producteurs dans le monde – de la Chine à l'Iran en passant par le Brésil — il n'y a aujourd'hui qu'un seul pays qui incarne, dans l'inconscient collectif, le haut de gamme : l'Allemagne. On pourrait dire la même chose de bien d'autres secteurs : la chaussure de marque et l'Italie ; les montres de luxe et la Suisse, etc. Plus le monde sera demain globalisé, plus les pays devront, pour exister, se spécialiser sur quelques activités disposant d'un ADN local fort. La France a des atouts exceptionnels en la matière : luxe, produits du terroir, transports, tourisme, génie civil, etc...

En troisième lieu, une politique du « *made in* » n'a de sens que si elle est ancrée dans une démarche collective de qualité totale : fabriquer sur le « sol français » garantit sans doute un coût du travail et donc un prix de vente plus élevés mais en aucun cas une qualité supérieure ! Un logo « *made in France* » sur un mauvais produit ne le rendra pas meilleur pour autant. Une vraie stratégie de « *made in* » suppose donc au préalable d'investir massivement dans la formation, le design, la qualification, la R&D, la valorisation de l'excellence sous toutes ses formes. La qualité ne se décrète pas à coup de logos : elle se construit progressivement, par une action de longue haleine, qui commence à l'école, et ce dès le primaire.

Enfin, l'enjeu premier du « *made in France* » doit être de partir à l'assaut du monde et de ses milliards de clients potentiels, plutôt que de chercher à reconquérir le cœur de 66 millions de consommateurs français. A cet égard, l'idée d'Arnaud Montebourg de réserver 80 % des marchés publics aux PME qui produisent sur « le sol national » procède d'une démarche défensive : ce n'est pas en garantissant un pré carré domestique aux PME que nous les inciterons à déployer leurs ailes à l'étranger et à devenir les nouveaux géants de demain.

Bref, l'ambition du « *made in France* » n'est pas d'importer moins, mais d'exporter plus de produits à forte valeur ajoutée : le vrai patriotisme économique est conquérant et non défensif. Remettons-le « *made in France* » à l'endroit !

Né en France, Made in the World

Afin de stimuler la production, le Front National a proposé de promulguer une loi « Achetons français ». Voilà une occasion de se pencher sur la « nationalité d'un produit », à l'heure de la globalisation.

Disons le tout net : aucun produit n'est fabriqué aujourd'hui à 100 % sur un territoire national. Pas même les productions agricoles, qui nécessitent engrais et outils, souvent importés. Bref, un produit fini est toujours une mosaïque de pièces détachées et de tâches, en provenance de plusieurs pays. Ainsi, le Boeing 787, assemblé aux Etats-Unis, incorpore des composants venus de 43 sous-traitants répartis sur 135 sites, implantés aux quatre coins du monde : la France pour les trains d'atterrissage, l'Italie pour une partie du fuselage, le Royaume-Uni pour les moteurs, le Japon pour les toilettes, etc…

Doit-on pour autant considérer que la nationalité d'un produit n'a plus de sens et s'est diluée à tout jamais dans un anonyme « made in World » ? Bien au contraire, pour peu que l'on accepte de redéfinir les contours de cette notion. Le fait qu'un produit soit importé n'est plus un critère pertinent : personne ne considère que la Logan de Renault est marocaine, au motif qu'elle est fabriquée à Tanger. Un critère plus pertinent est celui de la valeur ajoutée. Un produit sera français si l'essentiel de sa valeur a été créée sur notre territoire. Cette définition implique plusieurs conséquences :

– la nationalité d'un produit n'est plus une notion absolue mais relative. Les produits sont plus ou moins français, selon leur degré de valeur ajoutée domestique. On aboutit parfois à des résultats surprenants : ainsi, dans l'automobile, la Toyota Yaris, marque japonaise mais fabriquée à Valenciennes, a reçu le label « Origine France Garantie » puisque 61 % de son prix de revient a été acquis en France, au même titre que certains modèles de la marque Peugeot ;

– la délocalisation, notamment des phases d'assemblage, ne remet pas en cause la nationalité d'un produit, si l'essentiel de la création de valeur a été réalisé sur le territoire national. Lorsqu'une chaussure est fabriquée par un donneur d'ordre français en Chine, avant d'être importée, il est probable que sa conception, son design, son marketing auront été effectués en France. Selon une étude du NBT, 50 % de la valeur ajoutée d'une chaussure bas de gamme importée en Europe est… européenne et ce chiffre atteint même 80 % pour le haut de gamme ;

– nationalité de l'actionnaire et nationalité du produit doivent être bien distinguées. Le fait que l'indien Tata Motors possède depuis 2008 Jaguar et Land Rover ne signifie pas que ces deux marques ont perdu leur ancrage et leur ADN anglais. Bien au contraire, les investissements réalisés par l'actionnaire indien ont permis à ces fleurons de retrouver tout leur éclat et de créer des emplois sur le sol britannique ;

– il est judicieux, lorsque l'on assemble en France, d'importer des composants de pays à bas coûts, pour être plus compétitif à l'exportation. Ce phénomène a été mis en évidence dans la célèbre étude *Made in Sweden* : au cours de la période 1995-2005, alors que les importations augmentaient, la valeur ajoutée des exportations suédoises connaissait aussi une hausse ! Importations et performances à l'exportation sont en réalité intimement liées.

A l'heure de la globalisation, le vrai patriotisme économique ne consiste pas à se replier sur soi mais à utiliser les opportunités offertes par les pays à bas coût pour améliorer sa propre compétitivité et partir à la conquête du vaste monde… avec ses meilleurs atouts.

Baisse de l'euro :
Du miracle au mirage

En 2014, alors que l'euro tutoyait 1,40 dollar, nombre de décideurs politiques français réclamaient une baisse de la monnaie européenne, pour redonner du souffle à notre commerce extérieur. Avec une belle histoire à la clé : si nous dévaluons, nous vendrons moins cher, ce qui stimulera nos exportations et améliorera notre balance commerciale. Si le premier vœu a été exaucé, ne nous faisons aucune illusion sur la suite de l'histoire.

En premier lieu, la dépréciation/dévaluation joue dans les deux sens : sur les exportations mais aussi sur les importations, dont le prix se trouve renchéri. Coup de chance : cela ne se voit pas trop en ce moment sur des produits comme l'essence, compte tenu de la faiblesse du cours des matières premières et du pétrole. Mais n'oublions pas que dévaluer une monnaie, c'est toujours taxer les ménages et diminuer sans le dire leur pouvoir d'achat.

En second lieu, les effets positifs d'une dépréciation/dévaluation ne sont jamais immédiats. Quand une monnaie se déprécie, les effets prix à l'exportation et à l'importation jouent très vite, tandis que les effets sur les volumes – reprise des exportations et diminution des importations – sont plus lents à se concrétiser. En effet, les clients étrangers ne vont pas réagir instantanément à la baisse du prix en devises des produits français ; du côté des exportateurs, augmenter la production peut prendre du temps. On peut arriver à une situation paradoxale, dans laquelle la dépréciation, loin d'améliorer la balance commerciale, va dans un premier temps la dégrader, si les effets prix l'emportent sur les effets quantités : c'est la fameuse « courbe en J » que la France a vécu entre 1981 et 1983, au travers de trois dévaluations successives qui ont juste creusé notre déficit commercial.

En troisième lieu, la dépréciation de la monnaie unique vaut pour tous les pays de la zone euro, qui se trouvent être aussi nos principaux concurrents à l'exportation sur les marchés tiers. N'oublions pas aussi que notre déficit commercial avec les pays de la zone euro est de l'ordre de 40 milliards – soit bien plus qu'avec la Chine ou les Etats-Unis – et qu'il ne sera donc pas affecté par une dépréciation de l'euro.

En quatrième lieu, lorsque nous commerçons hors de la zone euro – 40 % de nos exportations – le dollar n'est pas toujours la monnaie de référence : par exemple, nous exportons beaucoup vers le Royaume-Uni et le taux de change pertinent est alors celui avec la livre sterling. Qui plus est, les pays hors zone euro, et notamment les pays émergents, pourraient réagir à une forte dépréciation de l'euro en laissant à leur tour filer leur taux de change : on entrerait alors dans un scénario non coopératif de guerre des monnaies.

Bref, la dépréciation/dévaluation ne sera pas le remède miracle dont rêvent certains, mais au mieux une bouffée d'oxygène transitoire : en matière de taux de change, les miracles n'existent pas. Trop miser sur la dépréciation/dévaluation revient à s'enfermer dans une spirale de compétitivité par le bas, qui nous rend dépendant de nos coûts, alors que notre ambition doit être de monter en gamme et en qualité toutes nos productions pour échapper à la concurrence par les prix et aux fluctuations du taux de change. Cette ambition porte un nom : la compétitivité hors-prix.

Compétitivité par la qualité :
Et si on parlait luxe ?

Alors que les défilés de haute couture de la Fashion Week se sont achevés, il n'est pas inutile de revenir sur l'une des plus belles réussites françaises, aussi discrète que rayonnante : notre industrie du luxe. Une industrie dont nos décideurs politiques parlent peu, préférant vanter les mérites (justifiés) de la French Tech plutôt que ceux de la French Touch. Sans doute parce que le luxe leur fait un peu peur, tant ils craignent l'assimilation de leur image à l'univers de l'opulence et de la jet-set, alors qu'une majorité de Français peine à boucler les fins de mois.

Pourtant, sur un plan économique, le luxe est tout sauf une activité anecdotique : il représente même l'un de nos principaux atouts à l'export, aux côtés de l'aéronautique, de la pharmacie et des produits du terroir. Le poids du luxe à l'export peut être estimé à plus de 40 milliards d'euros, soit… les deux tiers des exportations aéronautiques en 2015 ! Le luxe représente l'archétype même de la compétitivité par le haut, celle qui, misant sur la qualité, la créativité permanente et l'excellence, parvient à échapper à la concurrence par les prix. Le luxe, c'est un peu le royaume du « pricing power » : selon une étude du CEPII, les exportateurs français de produits de maroquinerie peuvent pratiquer des prix 7 fois supérieurs à ceux de pays dotés d'une qualité moyenne dans le même secteur, sans perdre de parts de marché !

Plus fondamentalement, le succès du luxe français à l'export vient redonner un peu de fierté à notre pays qui en a tant besoin. Le luxe, c'est la mondialisation à l'envers, c'est la revanche de la France sur la Chine : nos ouvriers qualifiés, nos artisans, nos designers, nos créateurs exportent leur savoir-faire et leur excellence aux quatre coins de la planète. Chaque Français qui voyage à l'étranger peut voir à quel point les marques et produits de luxe de notre pays – champagne, vins, sacs à main, parfums, etc. — sont plébiscitées. Ce luxe à la française, comme le luxe italien ou suisse, ne vient pas de nulle part : il est le produit d'une longue histoire et prend appui sur un segment de « luxe d'exception », qui vient irriguer l'ensemble du « luxe accessible ». D'ailleurs, les nouveaux et nombreux entrants sur le marché du luxe accessible peinent à remonter la filière et à s'imposer dans le luxe d'exception : l'histoire ne se rattrape pas et ne s'invente pas, même à coups de campagnes marketing.

Mais n'oublions pas que l'industrie du luxe, comme toute industrie, est mortelle si on ne prépare pas l'avenir. Menons une politique de pérennisation de nos savoirs faire et métiers d'art, situés en amont de la chaîne de valeur, faute de quoi certaines compétences rares pourraient disparaître demain. Incitons les jeunes à s'orienter vers les formations créatives et valorisons toutes les formes d'excellence. Ne nous endormons pas sur nos lauriers et explorons de nouveaux relais de croissance, en allant au-delà des territoires connus que sont la maroquinerie, le champagne, le parfum ou le prêt à porter : automobile, aviation, services à la personne, etc. Toute activité peut avoir son segment de luxe… dès lors que l'imagination créative et l'excellence des savoir-faire s'en mêlent.

Conforter notre leadership dans le luxe : voilà une ambition industrielle de long terme autrement plus porteuse pour notre pays que celle consistant à… acheter des rames de TGV.

Chantiers navals :
Appelez-moi à nouveau France

Alors que les Français doutent chaque jour des bienfaits de la mondialisation, l'annonce en 2016 par le chantier naval de Saint-Nazaire de nouvelles commandes de paquebots vient rappeler quelques vérités simples. Ces commandes, passées par des clients étrangers et qui se chiffrent en milliards d'euros, assureront des millions d'heures de travail à des milliers de salariés dans l'Ouest de la France jusqu'en 2026.

Premier enseignement : n'oublions jamais que la mondialisation marche dans les deux sens. On ne peut vouloir vendre des Airbus, des sacs Vuitton ou des paquebots dans le monde entier, et refuser simultanément d'importer, par exemple du textile en provenance des pays émergents. Si la France faisait demain le choix de se protéger, ses partenaires commerciaux riposteraient, en boudant à leur tour nos exportations. Les emplois sauvés grâce au protectionnisme seraient alors compensés par des destructions d'emplois à l'export. Plus encore, nos performances à l'exportation dépendent étroitement de notre capacité à importer des matières premières et composants bon marché. Ainsi, le paquebot *Harmony of the seas*, livré en 2016 par le chantier de Saint-Nazaire, a nécessité pas moins de 60 000 tonnes d'acier : taxer demain l'acier chinois ne serait donc pas un bon calcul, puisque le prix de l'acier augmenterait, y compris chez les fournisseurs localisés en Europe, réduisant ainsi la compétitivité… de notre industrie navale.

Second enseignement : la réussite d'une aventure industrielle n'a pas grand-chose à voir avec la nationalité de l'actionnaire. Peu importe que le chantier de Saint-Nazaire appartienne à STX, groupe… sud-coréen. Ce qui compte, c'est que l'actionnaire crée de la richesse et de l'emploi, parce qu'il a une vision et une ambition pour l'entreprise. Ce qui vaut pour les paquebots vaut pour tous les secteurs : ainsi, le rachat du Club Med en 2015 par le chinois Fosun permettra peut-être de donner un élan international à la célèbre marque de loisirs, sans altérer pour autant son ADN. Dans d'autres pays, l'intervention d'actionnaires étrangers a même parfois permis de sauver du naufrage des fleurons industriels, à l'image de Tata Motors qui a relancé Jaguar au Royaume-Uni. Jaguar n'en reste pas moins une marque britannique.

Dernier enseignement : l'industrie n'est pas condamnée en France, à condition de faire le choix de la montée en gamme. Mais encore faudrait-il que le pays s'en donne les moyens, en misant sur la formation : pas de qualité des produits sans qualification des hommes. Dans la mondialisation, chaque pays doit se battre avec ses meilleurs atouts : il n'est pas plus « déloyal » de miser sur des coûts bas, comme le font certains pays asiatiques, que de tirer parti de son avancée technologique ou de son tour de main. La réussite de Saint-Nazaire démontre une nouvelle fois que la mondialisation à l'envers est possible : loin d'être victimes de l'ouverture, l'ouvrier qualifié, l'artisan et l'ingénieur français des chantiers navals en deviennent les acteurs, en exportant dans le monde l'excellence de nos savoirs et savoir-faire. Au point de faire mentir la chanson de Michel Sardou, qui pleurait en 1975 la fin du paquebot « France » : « Ne m'appelez plus jamais France. La France, elle m'a laissée tomber ». En réalité, il se pourrait bien que la mondialisation l'ait ressuscité.

Jeux vidéos : Play again !

En 2017, Vivendi, qui détient une participation minoritaire, a tenté de prendre le contrôle de l'entreprise de jeux vidéos Ubisoft. En termes économiques, le jeu vidéo pèse en 2016 pas moins de 100 milliards de dollars au niveau mondial – soit deux fois plus que le cinéma. Il affiche une insolente croissance, de l'ordre de 6 % par an, et a conquis 2 milliards de joueurs, soit l'équivalent du nombre d'utilisateurs de Facebook. L'engouement des Chinois, l'explosion des jeux sur mobile, le décollage du e-sport, le lancement régulier de *blockbusters* n'y sont sans doute pas pour rien.

Pourtant, l'industrie du jeu vidéo n'occupe pas dans notre pays – et notamment chez nos décideurs publics — la place qu'elle mérite. A vrai dire, le jeu vidéo colle mal avec nos schémas de pensée usuels : trop grand public et technologique pour les uns, défenseurs d'une conception élitiste de l'« industrie culturelle » ; trop culturel et artistique pour les autres, industriels purs et durs qui ne jurent que par l'automobile ou l'aéronautique. Plusieurs raisons invitent pourtant à reconsidérer la place du jeu vidéo dans notre économie.

Tout d'abord, aux côtés de géants comme Ubisoft, la France dispose d'un impressionnant vivier de petites entreprises — on n'en dénombre pas moins de 750 — qui opèrent principalement dans le développement de jeux et sont répartis sur l'ensemble du territoire. Ces entreprises sont souvent des start-up, nées il y a moins de 5 ans. Bref, le jeu vidéo présente tous les ingrédients d'un secteur dynamique, où de jeunes pousses en forte croissance peuvent demain se transformer en nouveaux géants. De nouveaux géants : c'est exactement ce dont notre pays a besoin pour doper sa croissance économique et sa productivité, si l'on en croit une récente étude de France Stratégie.

Plus encore, le jeu vidéo est au croisement de nombreux secteurs d'activité et applications. Il entretient des synergies avec le cinéma ou la musique : n'oublions pas que le dernier Star Wars a fait un carton plein dans les salles obscures et… sur les consoles. De même, le jeu vidéo étant basé sur le numérique, les développements technologiques qui s'y opèrent peuvent irriguer d'autres secteurs : par exemple, la réalité artificielle intéresse déjà les secteurs de l'automobile ou de l'imagerie médicale.

En dernier lieu, le jeu vidéo utilise d'abord comme matière première la… matière grise. Du capital humain, bien souvent formé dans nos régions, qui abritent parmi les meilleures écoles au monde. Mais notre pays n'a pas su retenir dans le passé ses talents, qui ont pris un aller simple pour le Canada, devenu en 20 ans l'eldorado du jeu vidéo, grâce à une politique fiscale attractive. Mais les choses sont peut-être en train de changer dans notre pays, à la faveur du relèvement du crédit d'impôt jeux vidéo à 30 % : Ubisoft, dont les créatifs sont majoritairement installés à Québec et qui n'avait plus implanté de nouveau studio en France depuis vingt ans, vient d'ouvrir un site à… Bordeaux ; d'autres éditeurs de premier plan, installés à l'étranger, multiplient les contacts ces derniers mois et posent un regard neuf sur notre pays. Play Again !

On n'a pas de pétrole mais des touristes

A l'heure où le gouvernement crée des « zones touristiques internationales», il n'est pas inutile de se pencher sur la place paradoxale qu'occupe le tourisme dans notre inconscient… économique.

Voilà en effet une activité où nous sommes leader avec 85 millions de visiteurs par an en 2014, qui pèse directement 41 milliards d'euros de valeur ajoutée, emploie 1 million de personnes et affiche un solde excédentaire de 10 milliards d'euros. Bref, un vrai point fort de notre pays ! Or, force est de constater que depuis 50 ans, et même si un vrai frémissement s'est fait jour depuis deux ans sous l'impulsion de Laurent Fabius, le tourisme n'occupe pas la place qu'il mérite dans nos débats de politique économique.

Comme dans d'autres domaines, nous nous reposons sur nos lauriers et vivons le tourisme sur le mode de la rente. Une rente naturelle et historique. On se dit qu'après tout, les châteaux de la Loire et la tour Eiffel seront toujours là demain et qu'il faut donc se contenter de traire la vache à lait de notre patrimoine. Le tourisme, c'est un peu notre pétrole à nous. Mais c'est oublier que dans un monde ouvert, le tourisme, comme toute activité économique, n'échappe plus à la sanction de la comparaison et au défi de la compétitivité. En la matière, le site France est plutôt mal loti, si l'on en croit les conclusions du World Economic Forum 2013 : nous avons perdu quatre places en deux ans et nous retrouvons à la 7ᵉ place en termes d'attractivité globale, derrière des pays comme la Suisse, l'Allemagne, le Royaume-Uni ou l'Autriche ! Plus encore, sur l'indicateur «compétitivité-prix », nous portons le bonnet d'âne : 140ᵉ sur 140 ! Nous sommes trop chers par rapport à ce que nous offrons.

Pour sortir de l'impasse, il nous faut passer d'une logique de rente naturelle à celle d'un investisseur avisé, qui raisonne en termes de rendement : le tourisme est d'abord un actif dont la valeur se déprécie si on n'investit pas suffisamment en lui, pour en valoriser tout le potentiel. L'enjeu pour notre pays est moins d'attirer demain 100 millions de touristes que de faire en sorte que ceux qui viennent chez nous aient envie d'y rester plus longtemps : misons sur la qualité et la montée en gamme, plutôt que sur la quantité. Petit calcul simple : en faisant l'hypothèse que les touristes étrangers, hors touristes en transit, dépensent demain autant en France qu'ils le font aujourd'hui en Espagne, nous pourrions obtenir un gain supplémentaire de 15 milliards d'euros chaque année, soit 150.000 emplois.

Pour obtenir ce retour sur investissement, encore faut-il que nous reconnaissions ce qui fait l'essentiel de la valeur ajoutée dans le tourisme, comme dans les autres secteurs : le service qui accompagne le produit. Un beau château isolé et à visiter c'est bien ; un beau château inséré dans un écosystème local, basé sur des synergies culture/commerce/tourisme, c'est mieux et plus rentable. Malheureusement, nous avons du mal à reconnaître la valeur ajoutée de l'immatériel : le sourire, la qualité de service et d'accueil du client, la coordination entre activités nous paraissent secondaires alors qu'ils sont l'essentiel. N'oublions jamais qu'en économie, l'important est de créer de la richesse, peu importe la manière. Savoir vendre du rêve et de l'histoire n'est pas moins noble et rentable que de produire des turbines ou des voitures.

Chapitre 8

Résister, encore et toujours, à l'illusion protectionniste

Avec l'élection de Donald Trump aux Etats-Unis et l'essor de mouvements populistes en Europe – à l'image de la France Insoumise ou du Front National dans notre pays-, le protectionnisme n'a jamais reçu un écho aussi favorable dans l'Opinion publique, qui doute plus que jamais des bienfaits de la mondialisation. Les citoyens ont le sentiment qu'il n'y a plus aucune barrière aux échanges et que nous sommes inondés de produits en provenance de Chine et des pays émergents. La réalité est pourtant tout autre : *la mondialisation n'a pas aboli toutes les frontières (p. 201)*. En effet, nous continuons pour l'essentiel à commercer avec nos voisins : n'oublions pas que 70 % du commerce européen a pour destination un autre pays d'Europe.

De même, les citoyens ont le sentiment que tout produit importé à bas prix est forcément le résultat d'une pratique de *dumping (p. 203)* de la part des pays émergents : le terme de dumping a perdu tout sens, alors qu'il renvoie en économie à une situation très précise de concurrence déloyale. Enfin, les citoyens n'ont plus conscience que l'OMC a permis depuis un demi-siècle d'accroitre le pouvoir d'achat dans le monde. Plus personne ne croit dans les vertus de la négociation multilatérale : le nouveau cycle, lancé à Doha en 2001 est toujours au point mort et il est peu probable qu'il aboutisse, alors même *qu'un accord global à l'OMC (p. 205)* se traduirait par plusieurs milliards de dollars de pouvoir d'achat.

Pourtant, si le protectionnisme a gagné la bataille des cœurs et des discours politiques, il n'a encore jamais fait la preuve de son efficacité, bien au contraire.

En premier lieu, le protectionnisme fait toujours monter les prix dans le pays qui se protège : il réduit le pouvoir d'achat et touche notamment les plus démunis, qui achètent plus que les autres des produits importés à bas prix. Peu importe le choix des armes : que le protectionnisme prenne *la forme de droits de douane ou de quotas (p. 207)*, il conduit toujours à faire monter les prix, même si un quota est encore plus dommageable pour le pays qui se protège. Le protectionnisme ne protège pas plus l'emploi : en réalité il sauve des emplois dans les industries protégées mais en détruit ailleurs, notamment dans les secteurs qui utilisent les produits importés et qui voient leur compétitivité prix se dégrader. En réalité, comme le soulignait déjà *Jean Jaurès (p. 209)* en son temps, le protectionnisme protège d'abord les intérêts particuliers des producteurs !

Plus encore, le protectionnisme ne marche plus, à l'heure de l'ouverture réciproque des marchés : lorsqu'un pays décide de se fermer à un partenaire, ce dernier riposte immédiatement en prenant des mesures de représailles.

Cet effet boomerang peut également inciter le pays visé par les mesures protectionnistes à exporter des produits à plus forte valeur ajoutée, pour compenser la limitation des volumes. Le protectionnisme contribue alors involontairement à accélérer la montée en gamme du pays partenaire : *la Chine pourrait bien nous remercier demain de nous être protégés !* *(p. 211)* De même, le protectionnisme peut conduire une entreprise à le contourner, comme cela a été observé récemment lors de la guerre commerciale entre les Etats-Unis et le Canada : suite à la mise en place de taxes à l'importation contre les avions canadiens Bombardier, ce dernier a décidé de s'implanter directement sur le sol américain. Moralité : lorsque l'on bloque les produits par des taxes prohibitives, ce sont les usines qui se déplacent ! Le protectionnisme entraine un *effet boomerang* *(p. 213)*. Le protectionnisme peut aussi consister à contrôler les investissements étrangers sur notre territoire : s'il est normal qu'un Etat puisse bloquer un rachat d'entreprise pour des raisons de sécurité nationale, le slogan « Choose France » *(p. 215)* ne doit pas être trop restrictif, sous peine de dissuader les investisseurs étrangers d'apporter des capitaux et du sang neuf à nos entreprises.

Mais si le protectionnisme généralisé est toujours un mauvais calcul économique pour un pays, comment expliquer que personne ne se mobilise en faveur du libre-échange ? Tout d'abord, les rapports de force sont biaisés en faveur des producteurs, souvent peu nombreux et qui ont un intérêt fort à se mobiliser auprès des décideurs politiques. A l'inverse, les consommateurs, trop nombreux et éparpillés, vont rester « inertes » et ne pas se manifester. Le slogan « Consommateurs de tous pays unissez-vous » *(p. 217)* risque bien de rester lettre morte. Les décideurs politiques de leur côté n'ont aucune incitation à défendre leur cause, le protectionnisme n'étant pas un véritable enjeu électoral. Une voie plus prometteuse pour défendre le libre échange consiste à montrer que la mondialisation peut se faire pour tous, si nous misons sur nos excellences. L'enjeu devient alors d'exporter plus et non d'importer moins *(p. 219)*. Chaque pays doit se spécialiser dans ce qu'il sait faire de mieux, pour exporter ses points forts et importer ses points faibles : voilà ce qu'expliquait David Ricardo dès le début du

19ème siècle et qui s'applique encore parfaitement aujourd'hui, par exemple lorsque l'Europe veut s'ouvrir davantage au commerce avec les pays d'Amérique du Sud : Mercosur, Ricardo revient ! *(p. 221)*

La mondialisation n'a pas aboli les frontières

Le commerce international traverse depuis plusieurs années une mauvaise passe. Selon le rapport de l'OMC (2016), les échanges n'ont progressé que de 2,8 % en volume en 2015 et cette tendance anémique devrait perdurer sur 2016. Du côté des négociations commerciales, les nouvelles ne sont guère plus réjouissantes : le cycle de Doha est toujours au point mort… quinze ans après son lancement, faute d'un accord entre les 163 membres de l'OMC. Quant au TTIP, les réticences sont telles en Europe et aux Etats-Unis que la signature d'un traité de libre-échange apparaît compromise.

Si l'ouverture commerciale marque le pas, c'est d'abord parce qu'un puissant vent protectionniste souffle dans la plupart des pays, alimenté par des discours populistes de repli sur soi. Ces discours ont tous un point commun : ils présentent la mondialisation comme l'abolition de toute frontière entre les pays. La planète serait ainsi devenue un vaste espace commercial indifférencié. Cette vision ne correspond toutefois pas à la réalité.

Certes, les pays sont plus ouverts qu'il y a vingt ans : le taux d'ouverture atteint en 2016 30 % en moyenne, contre 20 % en 1996. Mais cela signifie donc que 70 % des marchandises produites ne sont pas exportées et restent à l'intérieur du pays !

De même, si tous les pays commercent aujourd'hui avec la Chine, il faut toutefois garder raison : les pays riches commercent d'abord entre eux, surtout lorsqu'ils sont proches géographiquement. N'oublions pas que 70 % du commerce européen a pour destination un autre pays d'Europe. Le premier partenaire commercial de la France, c'est la zone Euro, avec laquelle nous affichons d'ailleurs le plus gros déficit commercial, loin devant celui avec la Chine.

Mais surtout, il serait illusoire de penser que les frontières entre pays ont disparu, au motif que les produits peuvent circuler librement. Même lorsque les postes douaniers ont été supprimés, il existe toujours un « effet frontière ». Dès 1995, l'économiste Mc Callum constatait que la Colombie britannique commerçait dix fois plus avec l'Ontario, autre province du Canada, qu'avec le Texas, situé pourtant à la même distance que l'Ontario. Si les frontières n'existaient plus du tout entre le Canada et les Etats Unis, alors la Colombie britannique devrait commercer vingt fois plus qu'elle ne le fait avec le Texas américain, qui est beaucoup plus riche que l'Ontario canadien. Cet « effet frontière », confirmé également en Europe, montre qu'il existe des obstacles informels aux échanges entre pays : les différences culturelles et juridiques, les préférences des consommateurs, etc. Bref, on est encore loin de l'espace mondialisé, sans frontières et indifférencié, fantasmé par les chantres du protectionnisme.

Mais alors comment expliquer ce sentiment d'une mondialisation omniprésente dans notre vie quotidienne ? La réponse est sans doute à rechercher dans un phénomène récent : l'explosion du commerce de composants, qui représente 30 % des échanges mondiaux. Un iPhone incorpore des composants japonais, coréens, allemands, chinois, même s'il a été conçu en Californie. Tous les produits, ceux que l'on exporte, sont peu ou prou « made in the world ». Voilà une raison supplémentaire de douter du bien-fondé d'un discours protectionniste, à l'heure des chaînes mondiales de valeur : vouloir produire 100 % local est devenu une douce illusion ou une parfaite folie.

Vous avez dit dumping ?

« Dumping » ! Voilà le mot d'ordre devenu populaire en Europe pour dénoncer la concurrence des produits chinois à bas prix. Après les panneaux photovoltaïques et l'acier hier, ce sont les fabricants européens de vélos électriques qui ont porté plainte en 2017 devant la Commission pour dumping.

Le problème avec le dumping, c'est qu'il s'agit d'une notion définie de manière très large dans les textes, qu'ils soient européens ou de l'OMC : est qualifié de « dumping » le fait pour une entreprise de fixer un prix à l'exportation inférieur au prix normalement pratiqué sur son marché domestique. Notons d'emblée que la notion de « prix normal » relève plus de la morale que d'une analyse économique rigoureuse. Quant au fait de baisser son prix à l'exportation, il est souvent explicable par de bonnes raisons : par exemple, lorsque la concurrence est très vive à l'international, et en dépit des coûts de transport, il peut être rationnel pour une entreprise de vendre moins cher à l'étranger que chez elle, où la concurrence est moins intense.

Le seul cas de dumping vraiment problématique est celui dans lequel une entreprise vend ses produits à perte à l'exportation, dans l'unique but d'éliminer ses concurrents… pour ensuite relever ses prix. Ce cas de figure porte un nom bien connu en droit de la concurrence : il s'agit d'un comportement de « prix prédateur ». Il suppose que plusieurs conditions soient réunies : position dominante de l'entreprise prédatrice sur le marché mondial ; capacité à remonter durablement les prix sans craindre le retour de concurrents.

Le fait d'avoir retenu dans les textes européens et de l'OMC une définition très large du « dumping » n'est pas un hasard : il résulte en réalité d'un compromis politique. En effet, les membres de l'OMC sont engagés depuis 70 ans dans un processus de libéralisation commerciale, qui limite fortement leur capacité à mettre en place des barrières douanières. Sauf en cas de « dumping ». En effet, si l'industrie d'un pays s'estime victime de « dumping », elle peut porter plainte devant l'OMC et, le cas échéant, obtenir la mise en place de droits de douane compensatoires. Cette procédure constitue une soupape de sécurité, permettant aux Etats de protéger une industrie, sans contrevenir formellement aux règles multilatérales. L'arsenal antidumping ressemble à s'y méprendre à… du protectionnisme.

Comme tout protectionnisme, les droits antidumping vont faire des victimes chez les clients, qui paieront plus cher les produits. Ces clients peuvent être des millions de consommateurs, dont la voix est rarement entendue dans les débats, mais également des milliers d'entreprises – notamment des PME — qui utilisent les produits taxés comme produits intermédiaires. Plus encore, comme tout protectionnisme, les droits antidumping entraînent rapidement une riposte du pays visé. Un seul chiffre pour s'en convaincre : entre 1995 et 2013, la Chine a déposé pas moins de 109 plaintes pour dumping à l'encontre… de pays développés.

Pour éviter une prolifération des plaintes et des mesures protectionnistes qui en résultent, il serait utile de restreindre la procédure antidumping au cas le plus légitime : celui d'un « dumping prédateur ».

OMC : Qui veut gagner des milliards ?

A Nairobi s'est tenue en décembre 2015 la 10ème conférence ministérielle de l'OMC, au cours de laquelle 162 pays membres vont discuter d'un accord sur le commerce mondial, 14 ans après le lancement du « Cycle de Doha » et plusieurs tentatives avortées. La probabilité d'aboutir à un accord global apparaît très faible, tant les divergences restent fortes. Mais les discussions vont aussi porter sur un sujet d'apparence mineure : un accord sur « la facilitation des échanges ».

De quoi s'agit-il ? Tout simplement de réduire les coûts du commerce international qui, tels des grains de sable, viennent freiner la dynamique des exportations et importations entre les pays membres de l'OMC. Ces coûts sont multiples : formalités administratives lourdes, délais d'attente trop longs à la douane ou dans les ports, procédures de contrôle peu modernes ou non harmonisées entre les pays, etc. Bref, des petites tracasseries qui n'ont l'air de rien mais qui, cumulées, finissent par faire une addition salée. Selon l'OMC, ces coûts représenteraient dans les pays en développement l'équivalent d'une taxe de… 219 % !

Cela revient à dire qu'un produit dont le coût de fabrication est de 1 dollar dans un pays pauvre coûte en réalité 3,19 dollars lorsqu'il est exporté, une fois pris en compte tous les coûts liés au commerce. Si l'on raisonne en termes de pertes de revenus, les procédures inefficaces aux frontières pourraient représenter dans certains pays d'Afrique jusqu'à 5 % du PIB, selon l'OCDE. Même dans les pays développés, ces coûts représenteraient l'équivalent d'une taxe de 134 % !

Imaginez un instant que l'on parvienne à les diminuer. Les conséquences seront multiples : tout d'abord, les exportations, notamment au départ des pays en développement, augmenteront tandis que les importateurs pourront espérer une baisse du prix final. De même, une plus grande fluidité et rapidité dans les échanges internationaux inciteront les entreprises du Nord à investir davantage dans les pays en développement. Plus encore, les petites entreprises qui sont souvent dissuadées d'exporter à cause des procédures administratives complexes, rentreront sur le marché international, augmentant ainsi la variété des produits disponibles. Enfin, l'incitation à la corruption – les pots-de-vin pour accélérer les formalités douanières… – sera diminuée.

Selon l'OMC, une réduction raisonnable de ces coûts aux frontières, de l'ordre de 15 %, conduirait à accroître les exportations mondiales d'au moins 750 milliards de dollars chaque année. Si l'on raisonne en termes de croissance économique, le gain à attendre serait compris entre 345 et 555 milliards de dollars chaque année, principalement à l'avantage des pays du Sud.

Encore faudrait-il que les deux tiers des membres de l'OMC ratifient l'accord ; pour l'heure, 53 pays seulement l'ont fait. L'air de rien, la disparition de ces petits grains de sable dans les rouages du commerce mondial pourrait générer une manne financière considérable. Une manne qui permettrait par exemple de financer… les 100 milliards de dollars promis par les pays riches aux pays en développement dans le cadre de la COP21. Les petits accords font parfois le bonheur des grandes causes.

Le choix des armes :
Quotas ou droits de douane ?

Un mois : voilà le sursis que Donald Trump a accordé en avril 2018 à l'Union européenne, avant de lui imposer des droits de douane sur l'acier et l'aluminium. Un mois pour discuter avec ses « alliés », dans l'espoir de conclure un accord qui limiterait les importations européennes, sur la base de quotas. Il s'agit de passer d'une approche fondée sur les prix – un tarif douanier n'est rien d'autre qu'une taxe à l'importation – à une approche basée sur les quantités.

A première vue, un quota produit exactement les mêmes effets (négatifs) qu'un droit de douane pour le pays qui importe : il fait monter les prix, puisque les quantités sont rationnées. On parle d'ailleurs en économie d'un « principe d'équivalence » entre quota et tarif : importer 20 % de moins est équivalent à imposer une taxe de X % sur les importations, dans le but de réduire les quantités de… 20 %. Il est vrai que le quota présente l'avantage de la certitude pour le pays qui se protège, par rapport à un droit de douane : il connaît à l'avance le volume des importations, ce qui n'est pas cas pour un tarif.

Mais il subsiste une différence importante entre les deux instruments. Dans le cas d'un droit de douane, les taxes vont directement dans la poche de l'Etat américain. Dans le cas d'un quota, sauf si l'Etat américain met en vente des licences d'importation, il n'y a aucune recette fiscale à la clé : le gain revient aux exportateurs européens, qui vendent désormais plus cher leurs produits aux Etats-Unis. Le quota est donc moins avantageux que le droit de douane pour les Etats-Unis. Il l'est d'autant moins si la demande américaine d'acier augmente demain : le système des quotas entraînera alors une hausse des prix alors que le mécanisme de droits de douane permet d'importer plus, moyennant le paiement d'un supplément de taxe.

Bref, la nouvelle proposition américaine de négocier des quotas semble a priori moins avantageuse pour… les Etats-Unis. Mais alors pourquoi l'ont-ils mise sur la table ?

Tout simplement parce qu'elle est plus acceptable pour l'Europe : grâce aux quotas, les producteurs européens d'acier vont bénéficier d'une « rente de quota », qui compensera en partie la baisse des volumes exportés. Mieux encore, les Etats-Unis peuvent proposer aux Européens d'aller plus loin, en autolimitant leurs exportations, plutôt que de se voir imposer un quota à l'importation. Les « restrictions volontaires d'exportations » (RVE), qui sont une variante du quota, présentent un avantage politique fort : comme elles sont à l'initiative de l'exportateur, elles sont moins sujettes à contestation devant l'OMC puisque la victime est… « consentante ».

Cette pratique des RVE n'a rien de nouveau : elle a prospéré dans les années 1980, à l'encontre du Japon, qui a accepté – sous la contrainte de représailles — de brider ses exportations vers les Etats-Unis et l'Europe dans l'automobile et les semi-conducteurs. Avec le succès que l'on connaît : limitées dans leurs exportations, les entreprises japonaises se sont aussitôt lancées dans le « RVE jumping », en venant implanter directement leurs usines… aux Etats-Unis et en Europe.

Protectionnisme : Et si on écoutait Jaurès ?

Alors que resurgissent les arguments à l'encontre d'une libéralisation des échanges commerciaux, il n'est pas inutile de revenir sur les conséquences du protectionnisme : à qui profite-t-il ?

Ecoutons la réponse d'un certain Jaurès, qui, en 1897, interpellait en ces termes le Président du Conseil, alors que notre agriculture et nos vins étaient protégés par le tarif Méline : « *Pendant que par des tarifs de douane vous favorisez les producteurs, c'est-à-dire, dans une large mesure, les possédants, vous n'avez pas le courage [...] de demander aux classes les plus riches les sacrifices d'impôts qui seraient nécessaires précisément pour accroître la consommation populaire* ».

Jaurès avait vu juste : les premiers gagnants du protectionnisme, ce sont les producteurs domestiques. En effet, lorsqu'un droit de douane est instauré sur un produit importé, par ricochet, le prix des produits domestiques concurrents augmente aussi, puisque les producteurs nationaux sont désormais protégés. Ils vont donc accroître leur offre, pourtant plus onéreuse, et ce sont les consommateurs qui vont payer l'addition, en voyant leur pouvoir d'achat baisser.

On devrait donc observer que lorsqu'un secteur est protégé, les prix ont tendance à augmenter. Tel est bien le constat fait dans une étude de la Réserve Fédérale de Dallas (2002) : le prix des produits les plus concurrencés par les importations, comme les téléviseurs, les vêtements, les jouets ont baissé dans de fortes proportions, tandis que les produits les moins exposés à la concurrence internationale ont connu une forte inflation, à l'image du sucre. L'impact de mesures protectionnistes sur le pouvoir d'achat des ménages peut même se révéler considérable : Hufbauer et Lowry ont montré que la décision d'Obama de protéger en 2009 l'industrie pneumatique face aux importations chinoises coûtait chaque année la bagatelle de 1,1 milliard de dollars aux consommateurs américains.

On nous objectera que cette perte de pouvoir d'achat est compensée par les emplois sauvés grâce au protectionnisme. C'est d'ailleurs pour cette raison que patrons et syndicats, qui ont généralement des intérêts divergents, font cause commune pour réclamer des barrières douanières. Mais c'est oublier que les emplois sauvegardés le sont à un coût exorbitant. Ainsi, les mesures d'Obama dans l'industrie du pneu coûtent… 900 000 dollars par emploi et par an : donner aux travailleurs licenciés une indemnité chômage de 75 000 dollars par mois aurait eu exactement le même effet ! Plus encore, la baisse du pouvoir d'achat a conduit les consommateurs à réduire leur dépense dans d'autres secteurs, ce qui s'est traduit par la perte de 3 731 emplois. La facture nette pour l'économie américaine a donc été négative : 2 531 emplois détruits, dans l'indifférence générale.

Le protectionnisme n'est donc clairement pas un bon calcul économique. Il ne protège pas ceux que l'on croit, à savoir le plus grand nombre et satisfait d'abord des intérêts particuliers. Est-ce à dire qu'il ne faille jamais se protéger ? Sans doute pas : l'urgence économique peut justifier des mesures de protection temporaire. Mais le protectionnisme doit être toujours mobilisé avec prudence et parcimonie : comme l'écrivait Jaurès, il ne constitue qu'« un abri provisoire », car les barrières douanières « isolent plus qu'elles ne protègent ».

Protectionnisme :
La Chine nous dira merci demain

Sale temps pour la Chine, (re)devenue, avec Donald Trump, le bouc émissaire d'une mondialisation jugée injuste et destructrice d'emplois dans les pays riches. Le gouvernement chinois n'a d'ailleurs pas tardé à réagir, en lançant un nouveau projet de libre-échange en Asie. Mais si le protectionnisme américain constitue à l'évidence une mauvaise nouvelle pour l'économie chinoise, il pourrait bien demain se retourner contre son propre instigateur.

Passons rapidement sur les coûts bien connus du protectionnisme pour les consommateurs américains. Leur pouvoir d'achat va en prendre un sacré coup, notamment quand ils vont vouloir se payer un iPhone assemblé en… Chine. De même, les entreprises américaines qui incorporent des composants chinois dans leurs produits vont voir leur compétitivité-prix se dégrader.

Pour ce qui est des emplois sauvés, les expériences récentes n'invitent pas non plus à l'optimisme : ainsi, la taxe Obama sur les importations chinoises de pneumatiques a certes permis de sauvegarder 1 200 emplois sur le sol américain, mais pour un coût total de 1,1 milliard de dollars chaque année – surprix oblige — soit un coût annuel par emploi sauvé de… 900 000 dollars ! Pas très efficace.

Un retour au protectionnisme risque aussi d'inciter les Chinois à contourner l'obstacle en délocalisant leurs usines… dans des pays tiers d'Asie, à partir desquels ils exporteront vers les Etats-Unis. Dans des productions plus technologiques comme l'automobile, on n'est pas à l'abri d'un remake des années 1980 : lorsque les Etats-Unis et l'Europe ont voulu stopper « l'invasion » de voitures et télés asiatiques, à coups de quotas et de mesures anti-dumping, les entreprises japonaises et coréennes ont aussitôt réagi… en sautant par-dessus les barrières et en s'implantant dans les pays d'accueil. Lorsque l'on empêche les produits de circuler librement, ce sont les usines qui se déplacent.

Mais l'effet le plus redoutable du protectionnisme est à chercher ailleurs : il va accélérer la montée en gamme de l'économie chinoise. A nouveau, l'expérience du passé est éclairante : lorsqu'en 1981 le gouvernement américain a décidé de limiter les importations de voitures japonaises, les producteurs japonais ont remplacé les petites cylindrées par des véhicules plus luxueux et plus chers ! Bref, le protectionnisme américain a été l'allié involontaire d'une montée en gamme des exportations automobiles japonaises.

Ce risque est crédible aujourd'hui dans le cas de la Chine : si elle reste encore l'usine du monde, la Chine est devenue une terre d'innovation. En 2015, elle occupait déjà la troisième place, après les Etats Unis et le Japon, en nombre de dépôts de brevets. Dans l'imprimerie 3D, la robotique ou les nanotechnologies, la Chine figure dans le top 5 des innovateurs. Même constat pour les dépôts de marque : la Chine est le 7e déposant de marques, au point de faire jeu égal avec l'Italie ou le Royaume-Uni. C'est dire à quel point elle est engagée dans un puissant processus de rattrapage technologique. Le protectionnisme américain, en lui barrant l'accès du marché sur les produits bas de gamme, va la conforter dans cette stratégie de montée en gamme. Les Chinois pourront presque remercier demain Trump de cet effet boomerang.

Airbus / Bombardier : Effet boomerang

Coup de tonnerre en octobre 2017 dans le petit monde des constructeurs aéronautiques : Airbus annonçait qu'il prenait le contrôle du programme Cseries du canadien Bombardier. Cet accord est tout d'abord intéressant d'un point de vue microéconomique : dans la bataille de géants que se livrent Airbus et Boeing, Airbus vient de marquer un point, en complétant son portefeuille de produits, auquel il manquait des avions de 100 à 150 places. Désormais, Airbus est en mesure d'offrir à ses clients une gamme complète d'appareils monocouloirs de 100 à 615 passagers, avec l'A380. Un argument commercial de taille auprès des compagnies aériennes historiques, qui doivent gérer à la fois de petits flux de passagers avec de petits modules — un Paris/Pau en milieu de journée par exemple — et de grandes lignes internationales à fortes capacités comme Paris/New York.

Mais le rapprochement entre Airbus et Bombardier est aussi intéressant d'un point de vue plus macroéconomique. En effet, l'accord prévoit qu'Airbus ouvrira une seconde ligne de production aux Etats-Unis, pour y assembler notamment les Cseries destinés au marché américain. Cette décision n'est pas anodine : elle fait suite à celle du gouvernement américain d'imposer des droits de douane à l'encontre de Bombardier, accusé par Boeing d'avoir pratiqué des prix de « dumping » lors de la vente d'appareils à Delta. Des droits de douane qui s'élèvent à …220 % !

En produisant grâce à Airbus sur le sol américain, Bombardier va devenir une entreprise locale, ce qui lui permettra d'échapper aux droits de douane. Ce comportement, qualifié de « tarif jumping » en économie n'a rien de nouveau : durant les années 1980, Européens et Américains avaient déjà tenté de limiter la déferlante de produits japonais, en limitant les importations, au travers d'accords dit de « restrictions volontaires d'exportation ». La riposte ne s'est pas faite attendre : les constructeurs japonais ont massivement implanté des usines tournevis sur le vieux Continent pour y assembler des magnétoscopes et téléviseurs, tandis que Toyota ouvrait de grandes unités de production aux Etats-Unis. Partie de zéro, la production américaine de voitures japonaises atteint aujourd'hui pas moins de 6 millions de véhicules, soit 40 % de la production locale !

Ces exemples concrets nous démontrent que le protectionnisme ne marche pas parce qu'il se heurte aux stratégies de contournement des grandes entreprises : lorsque l'on bloque les produits par des taxes prohibitives, ce sont les usines qui se déplacent !

Plus fondamentalement encore, l'accord Airbus/Bombardier vient nous rappeler que sur un marché oligopolistique — c'est-à-dire avec un petit nombre d'acteurs —, les comportements sont tous interdépendants, comme le démontre la théorie des jeux : lorsqu'un acteur prend une décision stratégique — à l'image de Boeing qui a tenté de limiter l'entrée de Bombardier sur le marché américain —, les concurrents réagissent aussitôt à cette première décision pour la contrer. Au point de créer parfois un « effet boomerang » : en voulant bloquer Bombardier, Boeing a sans doute rendu son premier et principal concurrent, Airbus, plus fort.

« Choose France » : Oui, mais pas partout

Dans le cadre du projet de loi Pacte (mai 2018), le gouvernement veut proposer d'allonger la liste des activités pour lesquelles un investisseur étranger devra obtenir une autorisation préalable, s'il entend racheter une entreprise française. Sur le principe, l'idée d'un droit de regard apparaît légitime, dès lors qu'un impératif de sécurité nationale est en jeu. Tel est d'ailleurs l'esprit de l'article L 151-3 du Code monétaire et financier, qui instaure un mécanisme de contrôle pour les « *activités de nature à porter atteinte à l'ordre public, à la sécurité publique ou aux intérêts de la défense nationale* ».

Le problème est que les gouvernements successifs n'ont eu de cesse depuis 2005, d'élargir la liste des activités concernées, bien au-delà du périmètre étroit de la défense et de l'armement. Ainsi, en 2014, suite à la polémique sur le rachat d'actifs d'Alstom par GE, le « décret Montebourg » a inclus l'énergie, l'eau, les transports, les télécoms, la santé. Autant dire un tiers du CAC40. Aujourd'hui, le gouvernement entend y ajouter des domaines tels que l'intelligence artificielle, le stockage des données ou les semi-conducteurs. Une vraie « liste à la Prévert », qui pose question.

Sur un plan juridique tout d'abord, rien n'impose d'établir une liste d'activités sensibles puisque toute opération qui porterait atteinte à notre sécurité nationale, quel qu'en soit le secteur, peut être contrôlée. D'ailleurs, l'Union Européenne, qui veille au respect de la libre circulation des capitaux, n'autorisera la France à bloquer un rachat qu'à cette seule condition.

Sur un plan symbolique ensuite, dresser une longue liste, c'est faire une distinction entre des activités « stratégiques » et des activités qui ne le seraient pas ou plus. Doit-on par exemple conclure que l'industrie automobile ou du luxe – qui ne figurent pas sur la liste – ne sont pas importantes pour notre pays ? Selon quels critères et par qui cette liste a-t-elle été établie ? En réalité, toute activité peut devenir stratégique, dès lors qu'elle parvient à se réinventer : il n'y a pas de secteur du passé mais juste des produits et technologies dépassés.

Sur un plan économique enfin, une liste trop large va faire fuir les investisseurs étrangers. Nos start-up innovantes risquent d'en faire les frais demain : elles auront plus de mal à lever des fonds auprès d'opérateurs internationaux, alors même que leur croissance nécessite des capitaux et des nouvelles compétences managériales. Le milieu de la French Tech s'est d'ailleurs ému du projet du gouvernement et a rappelé l'épisode Dailymotion : Arnaud Montebourg s'était opposé en 2013 au rachat de la filiale d'Orange par Yahoo, estimant que l'opérateur américain risquait « de dévorer et faire disparaître Dailymotion ». On connaît la (triste) suite : la pépite française, faute de s'être adossée à un géant du numérique, n'a pu soutenir la bataille face à Youtube et a vu son audience décliner.

Si l'on ne veut pas que l'histoire se répète, supprimons la liste d'activités à contrôler et revenons à l'esprit du texte, centré sur l'impératif de sécurité nationale. Nous garderons ainsi intact le message positif envoyé par le président depuis un an aux investisseurs étrangers : « Choose France ! »

Protectionnisme :
Consommateurs de tous les pays,
unissez-vous !

Mauvaise nouvelle pour les bûcherons canadiens : depuis novembre 2017, après d'infructueuses négociations, les Etats-Unis leur ont finalement imposé un droit de douane de 20 %, au motif qu'ils seraient subventionnés par leur gouvernement. Dans le (long) conflit qui oppose les deux pays sur le « bois d'œuvre », c'est à nouveau le protectionnisme qui l'a emporté. Mais pourquoi la tentation protectionniste est-elle si souvent privilégiée, alors même qu'elle se révèle en pratique si peu efficace ?

Rappelons d'emblée que toute mesure protectionniste fait des gagnants et des perdants dans le pays protégé. Dans le cas du bois, ce sont les producteurs américains qui gagnent, puisqu'ils sont désormais protégés de la concurrence canadienne à hauteur de 20 % et peuvent donc augmenter leurs prix. Une étude sur les précédentes mesures protectionnistes sur le bois parvient à un gain pour les producteurs américains de 4,6 milliards de dollars, au cours de la période 2006-2015.

De leur côté, les consommateurs américains ont payé une addition salée : certains d'entre eux ont accepté de s'acquitter d'un surprix équivalent aux 4,6 milliards, tandis que d'autres ont renoncé à consommer, causant un manque à gagner pour la société de 1,7 milliard de dollars. Les gains des producteurs américains de bois n'ont donc pas compensé les pertes globales pour les consommateurs : le protectionnisme se révèle être un bien mauvais calcul économique. On ne peut même pas s'abriter derrière l'argument des emplois sauvés : une étude sur

20 industries américaines protégées parvient à un coût par emploi sauvé de l'ordre de 230 000 dollars par an, soit la bagatelle de 19 000 dollars par mois ! Question efficacité, on a vu mieux.

Mais alors comment expliquer qu'une décision de politique économique si peu efficace puisse être choisie ? Vilfredo Pareto apportait une réponse convaincante dès 1909 dans son *Manuel d'économie politique* : « Une mesure protectionniste procure de gros bénéfices à un petit nombre et cause à un très grand nombre de consommateurs un léger dommage ». Dit en d'autres termes, les producteurs, peu nombreux, ont un intérêt fort à se mobiliser auprès des décideurs politiques, qui montreront une oreille attentive à leur demande, notamment pour gagner un soutien électoral auprès des salariés du secteur.

A l'inverse, les consommateurs, trop nombreux et éparpillés, vont rester « inertes » et ne pas se mobiliser. On retrouve ici le célèbre « paradoxe de l'action collective » de Mancur Olson : plus un groupe est nombreux, moins il est capable de s'organiser pour faire entendre sa voix. A-t-on d'ailleurs jamais vu une pétition de consommateurs dénonçant les coûts du protectionnisme ? Les décideurs politiques n'ont aucune incitation à défendre leur cause, le protectionnisme n'étant pas un véritable enjeu électoral, dans la mesure où les consommateurs – qui sont aussi des électeurs – sont peu conscients des pertes qu'ils subissent. Pour que les consommateurs puissent faire entendre demain leur voix dans les débats publics sur le protectionnisme, il faudrait déjà commencer par leur permettre d'accéder à une véritable culture économique. La prise de conscience de ses intérêts reste toujours le préalable à toute action collective.

La mondialisation pour tous :
Exporter plus et non importer moins !

N'en déplaise à ses détracteurs, le programme économique du Front national a pour lui le mérite de la clarté. Il tient en un mot : protection. Sur le plan sociétal, protection des personnes et de la supposée « identité française » ; sur le plan économique, protectionnisme à tous les étages. Un programme qui désigne clairement les coupables : immigration, Europe, mondialisation. Un programme simple qui appelle un remède tout aussi simple : sortons de l'euro, fermons les frontières avec les émergents, confions les clés de l'économie à l'Etat, et nous retrouverons ainsi le chemin de la croissance et des emplois perdus. Face à ce discours économique, les grands partis politiques sont restés jusqu'ici très silencieux.

Etrange silence, alors qu'il est pourtant si facile de démontrer les approximations du FN. Un exemple parmi d'autres : les supposées « délocalisations massives » sont contredites par les études de l'Insee. En réalité, les entreprises françaises délocalisent assez peu et au mieux 15 % des destructions d'emplois résulteraient de ce phénomène. Le Front national oublie d'ailleurs de mentionner que les délocalisations jouent dans les deux sens : n'est-ce pas une firme automobile étrangère qui s'est implantée en 2001 dans le Nord de la France, créant ainsi plusieurs milliers d'emplois à Valenciennes ?

Etrange silence, alors même que les solutions proposées par le Front national sont d'une confondante naïveté. Prenons à nouveau l'exemple du protectionnisme : si la France met des barrières au commerce avec les pays émergents, qui peut croire sérieusement qu'il n'y aura pas de représailles ? Des représailles qui se feront sentir… à Toulouse chez Airbus, lorsque le 1,3 milliard de Chinois boycotteront l'achat de nos avions ; ou en Champagne, lorsque les pays émergents taxeront nos exportations d'alcools et spiritueux. Plus encore, comment ne pas voir que ce sont les Français les plus fragiles qui paieront la facture salée du protectionnisme, au travers d'une baisse de leur pouvoir d'achat ?

Il y a peut-être une réponse à cet étrange silence : notre classe politique, de gauche comme de droite, n'a pas de conviction forte sur la mondialisation et se révèle donc incapable, face au FN, de porter un contre-discours mobilisateur. Pourtant, ce discours est possible et se trouve même sous nos yeux, dans cette France des régions qui gagnent et exportent avec succès nos savoir-faire. Demandez d'ailleurs aux ouvriers de Zodiac, aux artisans de Louis Vuitton, aux cuisiniers du groupe Alain Ducasse s'ils craignent la mondialisation ; ils vous répondront qu'elle est plutôt une chance pour leur emploi. Grâce à leurs compétences, ils réussissent même à faire la mondialisation à l'envers, en exportant… vers les pays émergents. Notre ambition ne doit pas être de nous replier sur nous-même et d'importer moins ; notre ambition doit être d'exporter plus de produits de qualité et à forte valeur ajoutée.

Mais pour réussir ce pari, encore faudrait-il que nous prenions les mesures qui s'imposent et qui tiennent en un mot : qualification. Pas de qualité des produits sans qualification des hommes. De tous les hommes. Misons sur l'apprentissage, diversifions les voies de l'excellence, luttons sans relâche contre l'illettrisme et le décrochage scolaire, mettons la formation professionnelle au service de ceux qui en ont le plus besoin. L'enjeu de la mondialisation aujourd'hui, c'est non seulement de former plus d'ingénieurs et de commerciaux mais aussi et surtout d'offrir une qualification à tous les ouvriers.

Mercosur : Ricardo revient !

La visite du président de la République au Salon de l'agriculture en février 2018 a mis en lumière les craintes que suscitait chez les éleveurs de bovins la perspective d'un accord prochain entre l'Europe et le Mercosur.

Rappelons tout d'abord que les négociations avec le Mercosur, qui rassemble des pays d'Amérique Latine comme le Brésil et l'Argentine, n'ont rien de nouveau : elles ont été lancées en 1995, sans jamais aboutir jusqu'ici. Si elles sont aujourd'hui réactivées, c'est parce que le contexte international a changé : les négociations à l'OMC sont au point mort ; les Etats-Unis se sont retirés de plusieurs projets d'accords, à l'image de celui avec l'Asie-Pacifique. L'Europe entend donc profiter de la situation pour marquer des points à l'international et partir à la conquête de nouveaux débouchés, en signant des accords d'ouverture des marchés.

Comme dans toute négociation, chaque partenaire doit faire des concessions à l'autre, s'il veut aboutir à un accord final. Les négociations sans concessions, cela n'existe pas. « Tu baisses tes droits de douane sur un produit A que j'exporte chez toi et en échange je fais de même sur un produit B que tu exportes chez moi ». Dans le cas du Mercosur, les termes du débat sont assez simples : le Mercosur veut exporter plus de bœuf, de blé, de sucre et d'éthanol chez nous ; en échange, nous voulons exporter plus de voitures, de vin, de fromages ou de médicaments chez eux. Les termes mêmes de la négociation nous rappellent la (vieille) mais toujours pertinente « loi des avantages comparatifs » de Ricardo : un pays a intérêt à se spécialiser dans la production pour laquelle il est relativement plus productif que son partenaire et l'exporter.

En contrepartie, il doit accepter d'importer le produit dans lequel son partenaire est relativement plus performant que lui. Lorsqu'il écrivait sa loi en 1817, Ricardo prenait l'exemple du Portugal et de l'Angleterre : il montrait que le Portugal devait se spécialiser dans le vin et l'exporter en Angleterre ; symétriquement, l'Angleterre devait se spécialiser dans le drap et l'exporter vers le Portugal. Echange drap contre vin.

Si l'on applique cette approche deux siècles plus tard, la conclusion ne change pas : le Mercosur doit exporter plus de produits agricoles vers l'Europe, en échange de produits transformés et manufacturés venant d'Europe. Echange bœuf argentin contre voitures européennes. L'accord sera mutuellement avantageux pour les deux zones, même si un partenaire gagnera plus que l'autre : une étude de la Commission conclut à un gain de 15 milliards d'euros pour le Mercosur et de 32 milliards pour l'Europe.

Mais Ricardo ajoutait aussi que le gain global résultant de l'ouverture entre deux pays allait nécessairement faire, au sein de chaque pays, des gagnants et... des perdants. Dans le cas du Mercosur, ce sont nos producteurs de bœuf qui feront les frais de l'ouverture. L'enjeu est donc de compenser la réduction de leurs ventes en Europe, par exemple en trouvant de nouveaux débouchés. Justement, l'Europe vient de signer un ambitieux accord commercial, le JEFTA, qui ouvre plus largement les portes du Japon à nos industriels et... agriculteurs. Echange bœuf européen contre voitures japonaises.

Chapitre 9

Qu'avons-nous fait pour nos jeunes ?

« *La jeunesse n'est qu'un mot* » écrivait Pierre Bourdieu il y a 40 ans déjà. Cette affirmation, qui met en exergue l'hétérogénéité de notre jeunesse et ses lignes de fracture reste toujours d'actualité : on peut aujourd'hui identifier au moins « *trois jeunesses de France* » (p. 225), dont celle des sans diplômes. Une jeunesse oubliée, qui aspire moins à changer le monde qu'à y entrer.

Cette jeunesse oubliée a bien souvent été confrontée au décrochage scolaire. Que faisons-nous concrètement pour lutter contre ce fléau, qui touche chaque année 120 000 jeunes ? Pas grand-chose à vrai dire ; ou plutôt, nous ne luttons pas avec les bonnes armes. La proposition du gouvernement en 2016 d'accorder une prime de 600 euros à chaque décrocheur scolaire s'il revient sur les bancs de l'école n'était pas à la hauteur de l'enjeu et surtout …. elle ne pouvait pas marcher, faute d'incitations suffisantes : *Ni carotte, ni bâton !* à l'encontre des décrocheurs *scolaires* (p. 227). En revanche, c'est en innovant radicalement dans nos méthodes pédagogiques que nous pourrons espérer lutter efficacement contre ce fléau ; bref, il est grand temps d'engager *la disruption scolaire !* (p. 229)

Lutter contre l'échec scolaire, ce n'est pas qu'une question de morale, c'est aussi un enjeu financier important pour notre pays : le décrochage a un coût exorbitant pour notre collectivité. *Réduire le grand écart* (p. 231) entre les diplômés et les sans grades est en réalité … un bon calcul économique.

Au-delà des décrocheurs, nous ne faisons pas assez pour les jeunes qui ne vont pas sur les bancs de l'Université ou des grandes écoles. Par exemple, le programme européen Erasmus reste trop souvent encore l'affaire des diplômés Bac+3 à Bac+5, alors qu'il faudrait davantage miser sur les apprentis, les filières pro. Tout cela coûte certes très cher mais il est peut-être temps que l'Europe fasse ses choix : *vaut-il mieux subventionner des céréales ou …. des jeunes ?* (p. 233)

Les jeunes de banlieue, même avec leur bac en poche, peinent également à entrer sur le marché du travail : le taux de chômage dans les quartiers dits « sensibles » dépasse en France les 45 %. A cet égard, l'arrivée des VTC a constitué une bouffée d'air, une formidable opportunité de mettre le pied à l'étrier, de s'essayer, même à une modeste échelle, à l'esprit d'entreprendre et de retrouver parfois … une fierté perdue. Il suffit pour s'en convaincre d'analyser le portrait-robot des 14 000 chauffeurs Uber : *mais qui sont les Uber ?* (p. 235)

Les trois jeunesses de France

En 1970, Albert Hirschman publiait *Exit, Voice and Loyalty,* ouvrage à succès qui posait une question aussi simple qu'essentielle : que faire lorsque vous n'êtes pas satisfait d'une situation ? Trois solutions s'offrent à vous, répondait le célèbre économiste américain : se résigner *(loyalty),* voter avec ses pieds *(exit)* ou prendre la parole *(voice).*

Appliquons cette grille de lecture à la situation des jeunes qui s'apprêtent à entrer sur le marché du travail. Une situation bien peu réjouissante – le taux de chômage des jeunes avoisinant les 25 % en 2016 – mais qui ne les conduit pourtant pas à avoir les mêmes incitations à protester.

Il y a tout d'abord la jeunesse qui poursuit des études supérieures longues et sélectives. Si cette jeunesse n'a pas toujours la vie facile, notamment pour accéder à un premier emploi stable, son horizon apparaît plutôt dégagé, avec un taux de chômage deux fois inférieur à la moyenne des jeunes. Mais surtout, si l'employeur lui claque la porte au nez dans son propre pays, elle sait qu'elle pourra toujours « voter avec ses pieds ». Soit en allant voir ailleurs, elle qui parle anglais couramment et a pris l'habitude de séjourner à l'étranger – merci Erasmus et le *low cost*. Soit en créant son propre emploi… en France mais hors des structures établies, en partant explorer de nouveaux secteurs ou modèles économiques : selon une récente enquête de Roland Berger, 46 % des créateurs de start-up sortent d'une grande école de commerce ou d'ingénieur.

A certains égards, les jeunes qui poursuivent des études courtes et pratiques – tels que les BTS – se retrouvent dans une situation assez similaire, même si leurs opportunités « d'exit » sont moins promet-teuses. Bref, cette jeunesse est peu incitée à prendre la parole – si ce n'est pour demander une plus grande liberté d'entreprendre.

A l'autre bout du spectre, nous trouvons la jeunesse des sans-diplômes et de l'échec scolaire, celle des 140 000 décrocheurs que produit chaque année notre système éducatif. Cette jeunesse non qualifiée est touchée par le chômage de masse, avec un taux qui frôle les 50 % pour les titulaires du seul brevet des collèges. Elle a peu d'opportunités de « voter avec ses pieds », au mieux en lançant une activité de petit commerce ou de services à la personne. Elle aurait donc une forte incitation à prendre la parole. Pourtant, elle est plutôt « loyale », par un mélange de résignation, manque de relais et compétences politiques. Mais aussi parce qu'elle est absorbée par un quotidien qui rime avec petits boulots, débrouille en tous genres, voire petite délinquance. Cette jeunesse aspire d'ailleurs moins à changer le monde qu'à y entrer.

Entre ces deux jeunesses se trouve celle qui va sur les bancs de l'université. Cette troisième jeunesse déchante vite sur la valeur de son diplôme, lorsqu'elle arrive sur le marché du travail : les emplois proposés ne sont souvent pas à la hauteur des espérances, alimentant ainsi un sentiment de déclassement. Pour elle, les opportunités de « voter avec ses pieds » apparaissent plus limitées, faute de compé-tences pratiques. Elle est aussi suffisamment éduquée pour ne pas se résigner et rester « loyale » au système. Il ne lui reste alors plus qu'une option : prendre la parole. C'est bien ce que font aujourd'hui les participants de Nuit Debout : des jeunes qui incarnent… une des trois jeunesses de notre pays

Décrocheurs scolaires :
Ni carotte, ni bâton

L'annonce en juillet 2016 de l'octroi d'une prime annuelle de 600 euros à chaque décrocheur scolaire a suscité un certain émoi : comment peut-on oser rémunérer un élève pour qu'il revienne sur les bancs de l'école ? Pourtant, si l'on veut bien laisser de côté un instant la morale et faire un peu d'économie, l'idée semble plutôt maligne : ne vaut-il pas mieux payer 600 euros aujourd'hui pour s'éviter de dépenser demain… 230 000 euros, soit le surcoût imposé à la collectivité par un décrocheur, selon un chiffrage réalisé en 2010 par le Boston Consulting Group ? Quand on sait que notre pays fabrique tous les ans au bas mot 120 000 décrocheurs, l'économie totale, si la moitié des décrocheurs d'une année revenait à l'école grâce à cette mesure, avoisinerait les 14 milliards d'euros, pour un coût annuel dérisoire de 36 millions. Bref, un très bon calcul économique !

Mais alors où est le problème ? Le problème est qu'il est peu probable que la carotte des 600 euros incite les décrocheurs à reprendre leur cartable. Ils ont quitté le système scolaire parce qu'ils n'y trouvaient plus leur place et ce n'est pas une modeste prime qui les fera changer d'avis. La carotte monétaire ne marchera pas. De plus, on ne sait pas déterminer le montant de la prime qu'il faudrait donner pour être sûr qu'un décrocheur revienne : sa décision de quitter le système scolaire échappe en grande partie à un calcul de type coût/bénéfice.

Faut-il pour autant renoncer à utiliser la carotte de la récompense – ou à l'inverse le bâton de l'amende — pour inciter les individus à changer leur comportement dans un sens plus vertueux ? Pas si sûr. Les primes et amendes peuvent même se révéler très efficaces, à condition que l'individu effectue un minimum de calcul rationnel : il devient alors sensible à l'appât du gain ou au paiement d'une sanction. Prenons l'exemple d'un voleur : pour le dissuader de commettre des délits, on pourrait calquer le montant des amendes sur le gain illicite, selon un principe simple et objectif « plus tu voles, plus tu paies ». Plus encore, pour tenir compte du fait que tous les voleurs ne se font pas attraper, une dose de dissuasion serait introduite. Par exemple, si la revente d'un iPhone sur le marché noir rapporte au voleur 350 euros, et si l'on estime la probabilité de se faire prendre à 15 % – ce qui est l'estimation la plus courante –, l'amende devrait même atteindre… 2 300 euros !

Les apprentis délinquants auraient vite fait de faire leur petit calcul et de se dire que « le vol ne paie plus ». Le bâton aurait ici des effets vertueux. Mais en France, cette approche monétaire des peines reste encore peu développée : dans le cas du vol, les condamnations prennent rarement la forme d'amendes, tandis que leur montant est souvent dérisoire.

Bref, il est toujours possible en économie de modifier le comportement des individus en jouant sur le levier des sanctions et des récompenses. A condition de les mettre à un niveau suffisamment élevé pour que cela ait un effet incitatif sur les individus. A condition surtout que les individus se livrent à un calcul économique. Pas sûr que cette seconde condition soit réunie dans le cas des décrocheurs scolaires : mieux vaut donc s'en tenir à des solutions non monétaires – des pédagogies disruptives par exemple – pour remédier au fléau du décrochage.

Disruption scolaire

Inlassablement, l'OCDE délivre son verdict sur les performances éducatives des pays, au travers de sa célèbre enquête Pisa (2015). Un rituel qui a longtemps suscité une certaine défiance de nos décideurs politiques avant qu'il ne se rendent à l'évidence : depuis 2000, Pisa nous brosse le portrait immuable d'un système éducatif français, qui, s'il ne mérite pas le bonnet d'âne, est à la fois moyen et très polarisé.

Moyen : en 2015, notre pays occupe la 27e place sur 72 pays, avec un score de 495 points. Si nous faisons jeu égal avec les Etats-Unis ou la Suède, nous restons très loin de pays comme Singapour (556), le Japon (538) ou Hong Kong (523). On nous objectera que la France n'est pas un pays asiatique et que comparaison n'est pas raison. Certes, mais si nous prenons comme référence la seule Union européenne, le tableau n'est guère plus réjouissant : nous occupons la 13e place sur 28 pays, alors que notre voisin allemand se classe aujourd'hui à la 4e place, après avoir sombré au début des années 2000, preuve s'il en est que les réformes éducatives audacieuses peuvent porter leurs fruits. En France, notre score n'a pas bougé depuis 2006, comme si toutes les initiatives prises depuis dix ans étaient restées sans effets.

Polarisé : la France reste le pays du grand écart. Nous affichons certes un taux élevé d'élèves performants (21 % contre 19 % pour l'OCDE), mais avons aussi l'une des plus fortes proportions d'élèves en difficulté (22 %). Bref, notre pays est à la fois la patrie des têtes bien faites et celle des décrocheurs scolaires. Ce grand écart s'explique d'abord par le « contexte socio-économique », pour reprendre les termes policés de l'OCDE.

En clair, la relation entre réussite à l'école et milieu socio-économique est très forte en France : elle explique plus de 20 % de la performance des élèves, contre seulement 13 % pour la moyenne des pays de l'OCDE. Près de 40 % des élèves issus d'un milieu social défavorisé sont en difficulté. Dans la même veine, les élèves issus de l'immigration – première ou seconde génération – accusent en France l'un des pires scores de l'OCDE. Bref, l'école du mérite républicain a depuis longtemps cédé la place à celle de la reproduction sociale.

Face à ce triste constat, que faire ? D'abord, afficher clairement notre priorité : la lutte contre l'échec scolaire doit être le cœur de toute réforme éducative, même si nous ne devons pas renoncer à l'ambition élitiste. Une fois la priorité établie, la riposte doit être disruptive. Depuis trente ans, nous avons combattu l'échec scolaire avec l'arme du carnet de chèques – plus d'un milliard d'euros sont engloutis chaque année dans l'éducation prioritaire — sans vraiment remettre en cause le carcan uniforme et contraint de l'Education nationale. Il est temps de libérer les initiatives, pour permettre à de nouveaux modèles d'école d'émerger. Ces modèles existent déjà dans notre pays – songeons par exemple à Montessori — mais ils sont confidentiels, accessibles aux parents informés, qui peuvent oser et… payer ! L'enjeu aujourd'hui est de permettre l'éclosion de *free schools* partout, en ciblant prioritairement les élèves en difficulté et avec le soutien financier massif de l'Etat. Un Etat facilitateur et coordinateur, qui continuera de fixer les programmes et objectifs au niveau national, tout en favorisant la diversité des établissements et méthodes d'enseignement.

Education : Réduire le grand écart

60 % d'une classe d'âge dans l'enseignement supérieur : voilà l'objectif que la France s'est assignée. Un objectif ambitieux, qui s'inscrit dans la stratégie « Europe 2020 » de l'Union, visant à faire de notre continent une terre de « croissance intelligente ». L'enchaînement économique est clair : un niveau de qualification plus élevé se traduira par des gains de productivité plus forts et donc un taux de croissance plus soutenu.

Mais une telle ambition ne doit pas nous détourner d'un autre combat essentiel pour notre jeunesse : celui contre l'échec scolaire qui touche dans notre pays 22 % des élèves de 15 ans (selon Pisa 2015). C'est beaucoup plus qu'au Canada (14 %) ou qu'en Allemagne (17 %). C'est aussi beaucoup plus qu'il y a dix ans, la proportion d'élèves en difficulté ayant augmenté de 4 points.

On nous objectera qu'il est vain d'opposer lutte contre le décrochage scolaire et insertion des jeunes dans le supérieur puisque les deux politiques se complètent. Mais on peut aussi craindre, si les résultats de la lutte contre l'échec scolaire ne suivent pas ceux de l'accès à l'enseignement supérieur, que les différences de niveau entre élèves ne grandissent encore, dans une France qui se singularise déjà comme le « pays du grand écart » (Baudelot) en matière éducative. Plus encore, on peut considérer que le meilleur moyen d'accroître naturellement le nombre d'étudiants dans le supérieur est de disposer du plus large vivier possible d'élèves dans l'enseignement secondaire… ce qui passe par une réduction de l'échec scolaire.

Lutter contre le décrochage scolaire n'est pas seulement affaire de morale ; c'est d'abord une question économique : laisser sortir chaque année 120 000 jeunes de l'école sans aucun diplôme nous coûte très cher. Un coût en termes de croissance perdue : le manque de qualification se traduit par une productivité plus faible et des coûts de changement d'emploi plus élevés ; difficile par exemple d'implanter un nouveau robot sur une chaîne de production lorsque les salariés ne disposent pas des compétences minimales que l'école délivre. Un coût budgétaire ensuite : 50 % des jeunes sans diplôme se retrouveront au chômage ou en situation de forte précarité, à moins qu'ils ne sombrent dans la délinquance… qui est elle-même très coûteuse. Le coût du « décrochage scolaire précoce » serait de 1 à 2 millions d'euros par personne quittant prématurément le système scolaire, somme calculée sur la totalité de la vie active.

Nous devons donc avoir la même mobilisation pour la lutte contre l'échec scolaire que celle que nous voulons déployer demain pour l'accès au supérieur. L'exemple allemand nous montre la voie : lorsque l'étude Pisa a révélé en 2001 les piètres performances scolaires de nos voisins d'Outre-Rhin, un vrai « choc Pisa » a eu lieu dans tout le pays. La mobilisation générale a aussitôt été décrétée : moyens supplémentaires alloués aux écoles, profonde réforme de l'organisation scolaire et des méthodes d'enseignement, etc. Une mobilisation qui a porté ses fruits : dix ans plus tard, l'Allemagne fait mieux que la moyenne de l'OCDE. Une mobilisation dont le chancelier Schröder avait parfaitement résumé la motivation… économique : « Celui qui échoue à mobiliser tout le potentiel des dons de la nation perdra la compétition internationale ».

Subventionner des céréales ou des jeunes ?

Après quarante-trois ans de vie commune, un membre (turbulent) de la grande famille européenne – le Royaume-Uni- a claqué en 2016 la porte de l'Union Européenne. Comment a-t-on pu en arriver là ? Telle est la question que se posent aujourd'hui tous ceux qui croient encore à cette belle idée d'Union, née sur les ruines de deux guerres mondiales.

On peut toujours se rassurer en se disant qu'après tout les Anglais n'ont jamais vraiment eu les deux pieds dans la maison commune. Ou que la jeunesse anglaise a voté majoritairement pour le maintien. On en arrive même à penser que le Royaume-Uni va vite regretter son choix. Par exemple, la dépréciation de la livre ne va pas arranger leurs affaires : comme les exportations anglaises, centrées sur des produits à forte valeur ajoutée sont peu sensibles au prix, tandis que leurs importations sont largement incompressibles, leur déficit commercial, qui atteignait déjà 125 milliards de livres en 2015, va se creuser un peu plus. Ce dont aurait besoin le commerce extérieur anglais, c'est d'une monnaie… forte !

Tous ces raisonnements sont justes mais n'emportent pas la conviction. Ils sont d'abord là pour nous éviter de regarder la réalité en face : si un membre est sorti de l'Union, c'est parce qu'une majorité de citoyens – surtout les personnes âgées — n'y croyait plus. Et tous les sommets européens, toutes les subventions agricoles n'y pourront rien face à cette terrible évidence.

Au-delà du cas anglais, comment faire en sorte que les Européens aient envie demain de rester dans l'Union ? En misant sur des politiques de long terme qui favorisent le sentiment d'appartenance à un destin commun. L'Union ne se décrète pas ; elle se construit dans les cœurs, jour après jour. Parmi ces politiques structurelles, la plus importante est celle qui touche aux générations futures : il faut que les jeunes puissent tous vivre l'expérience de l'intégration européenne. Pour l'instant, l'Union reste l'affaire d'une poignée d'étudiants qui, grâce au *low cost* aérien et au programme Erasmus, partent, le temps d'un week-end ou d'une année universitaire, découvrir leurs semblables à Madrid, Stockholm ou Berlin.

Mais cette Europe de la jeunesse reste encore bien étroite : en 2014, 272 000 étudiants seulement ont bénéficié du programme Erasmus Plus. Dans le cas de la France, 36 000 étudiants sont allés revivre l'expérience de « l'auberge espagnole ». C'est bien peu, lorsque l'on sait que la France compte 1,5 million d'inscrits à l'Université. Plus encore, en dépit des efforts récents pour cibler de nouveaux publics, Erasmus reste l'affaire des diplômés du supérieur : 96 % des étudiants partis en échange détenaient en 2014 un Bachelor ou un Mastère ! L'ambition doit être que tous les futurs citoyens puissent faire l'expérience de l'Europe, quel que soit leur type ou niveau d'études : les apprentis, les élèves des filières professionnelles, etc.

On nous objectera que tout cela coûtera cher : 1,4 milliard d'euros est déjà consacré sur la période 2014-2020 au volet «Jeunesse» du programme Erasmus Plus. Mais que représente cette somme, au regard des 362 milliards d'euros engloutis dans notre politique agricole commune ? Entre les subventions aux céréales et celles aux jeunes, il serait temps de faire le bon choix.

Mais qui sont les Uber ?

Alors que les VTC ont battu le pavé pour défendre leur cause face aux taxis, une étude de deux économistes – Augustin Landier et David Thesmar –financée par Uber vient fournir un éclairage intéressant sur le profil des chauffeurs Uber. Des chauffeurs qui dessinent en filigrane le portrait d'une certaine France, souvent délaissée par nos décideurs politiques.

Premier constat : leur nombre. Pas moins de 14 000 chauffeurs utilisent aujourd'hui l'application Uber dans notre pays. Rien de très surprenant à cela : en 2014, le rapport Thévenoud estimait qu'entre 11 100 et 68 000 chauffeurs supplémentaires seraient nécessaires pour que l'offre à Paris et en petite couronne égale respectivement celle de Madrid ou de New York. L'explosion des VTC est à la mesure de la faible augmentation du nombre de licences de taxi : 14 300 en 1967, 17 636 en 2013, soit une hausse de 24 % en l'espace… d'un demi-siècle. En réalité, l'innovation technologique a fait à sa manière ce que les politiques n'ont pas voulu faire : augmenter l'offre. On ne peut brider éternellement le marché, sans qu'il ne finisse un jour par sortir de sa cage : entre la pénurie organisée et la vérité du marché, c'est toujours le marché qui finit par gagner.

Autre caractéristique des chauffeurs Uber : leur âge. Ils sont plutôt jeunes – 72 % d'entre eux ont moins de 40 ans et plus d'un tiers a même moins de 30 ans – et une majorité possède le Bac. Leur histoire est un peu celle d'une partie de la jeunesse de nos banlieues : un quotidien qui rime avec chômage de masse – 25 % des chauffeurs Uber étaient au chômage avant de commencer – et parfois même avec chômage de longue durée, 43 % des chômeurs étaient au chômage depuis plus d'un an. Une analyse fine sur la région parisienne montre d'ailleurs que les chauffeurs viennent davantage de localités où les opportunités de trouver du travail sont rares. L'activité de VTC les a sans doute sortis de l'économie de la débrouille, des petits boulots, de l'assistanat, voire parfois de l'économie parallèle. Il serait d'ailleurs intéressant de les interroger sur leur fierté retrouvée, à la faveur de ce retour sur le marché du travail, berline noire et costard cravate en prime.

Les chauffeurs Uber sont aussi des « entrepreneurs en herbe ». Ils valorisent l'autonomie que permet l'activité de VTC, en particulier dans la gestion de leur emploi du temps. Cela ne veut pas dire pour autant qu'ils travaillent peu : 70 % du total des trajets Uber sont effectués par des chauffeurs opérant plus de 30 heures par semaine. Tous n'affichent cependant pas les mêmes performances : la productivité des chauffeurs apparaît très hétérogène et les écarts persistent au cours du temps. Cela signifie que les chauffeurs n'ont pas tous le même talent : certains vont découvrir que ce métier n'est pas fait pour eux et le quitter rapidement ; d'autres, forts de leur succès, vont persévérer et développer leurs compétences entrepreneuriales, qui les conduiront peut-être demain à se lancer dans d'autres projets.

Uber aura eu alors au moins un mérite : celui d'avoir mis le pied à l'étrier d'une partie oubliée de notre jeunesse. Une jeunesse qui n'est peut-être pas passée par les grandes écoles, les incubateurs et les start-up high-tech mais qui partage un point commun avec toute sa génération : l'envie d'entreprendre, même à modeste échelle, et de prendre son destin en main.

Chapitre 10

Marché du travail : Outsiders contre insiders

Depuis 40 ans, la France affiche un taux de chômage durablement supérieur à la moyenne des pays de l'OCDE, manifestant ce que Denis Olivennes appelait « *la préférence française pour le chômage de masse* ». Le chômage de longue durée y est également important, comparativement aux pays nordiques ou anglo-saxon : être au chômage ne constitue pas une situation transitoire entre deux emplois mais un état durable. Il en résulte un phénomène de « *travailleurs découragés* » *(p. 239)* : des chômeurs de longue durée, n'ayant plus espoir de retrouver un emploi, cessent de chercher et sortent ainsi des statistiques du chômage. Le véritable taux de chômage dans notre pays est donc notoirement sous-évalué.

A bien des égards, *notre marché du travail ressemble à celui d'un pays du Sud de l'Europe (p. 241)* : c'est un marché dual, avec d'un côté des travailleurs très protégés – les insiders- et de l'autre des salariés en situation précaire, souvent jeunes et peu qualifiés – les outsiders- qui jouent le rôle de variable d'ajustement pour les entreprises.

Ce dualisme du marché du travail se traduit par une dissymétrie des rapports de forces entre insiders et outsiders, lors des réformes du marché du travail. En effet, comme les outsiders ne sont pas véritablement organisés, il est difficile pour eux de faire entendre leur voix dans les débats publics et ce sont bien souvent *les intérêts particuliers (p. 243)* qui prévalent. Ainsi, lors de la réforme El Khomri, qui visait à faciliter l'embauche et les licenciements, ce sont surtout les insiders, au travers de leurs syndicats, qui ont pris la parole et défendu leurs intérêt particuliers, sous couvert de défense de l'intérêt général. Leur devise pourrait être : « mon intérêt général » *(p. 245)*.

Ce poids des insiders dans les négociations est d'autant plus surprenant que les syndicats sont très peu représentatifs dans notre pays. En effet, peu de salariés sont syndiqués, chacun se comportant en « *free rider* » *(p. 247)*, en laissant à des professionnels de la lutte syndicale le soin de les représenter. Sans méconnaître le droit fondamental de faire grève, on peut s'interroger légitimement sur *les vrais coûts d'une grève (p. 249)*, notamment lorsqu'elle conduit à faire fuir les clients, qui se tournent alors vers des entreprises concurrentes, comme la grève d'Air France en 2018 est venu le rappeler. Les syndicats sont souvent dans une posture idéologique, consistant à réduire le patronat à la figure de l'actionnaire qui exploite les salariés.

Mais c'est oublier la réalité statistique du patronat en France, constitué pour l'essentiel de « petits patrons ». *C'est qui le patron ? (p. 251)* sur les 3,4 millions d'entreprises que compte notre pays, 1,3 million n'a aucun salarié et dégage une valeur ajoutée médiane de 15 000 euros par an. En clair, 650 000 patrons parviennent à gagner… le smic. Le patron prend ici le visage du petit exploitant agricole, du chauffeur Uber, du boulanger qui travaillent durs et peinent à boucler les fins de mois.

Les travailleurs découragés
et le taux de chômage

Promise depuis longtemps, la fameuse « inversion » de la courbe du chômage s'est produite en France en cette fin d'année 2016, avec 109 000 chômeurs en moins au cours des trois derniers mois. Si l'on ne peut que se réjouir d'une telle inflexion, ne crions pas victoire prématurément.

Rappelons tout d'abord qu'inverser une tendance est d'autant plus aisé que l'on part de (très) haut. Dans le cas de la France, avec un taux de chômage qui dépassait en début d'année 2016 les 10 %, nous soutenons certes la comparaison avec des pays du sud comme l'Italie (11,6 %), l'Espagne (19,2 %) ou le Portugal (10,8 %), mais restons parmi les pires élèves de l'OCDE.

Les statistiques sont éloquentes : en 2016, notre taux de chômage est supérieur de 55 % à celui des pays de l'OCDE (6,2 %), sans même parler des sept principaux pays développés (5,4 %). Les pays « anglo-saxons » affichent des taux compris entre 4,9 % (Etats-Unis) et 7 % (Canada), tout comme des pays « nordiques » comme la Suède (6,9 %), les Pays-Bas (5,6 %) ou le Danemark (6,5 %). La comparaison avec notre voisin allemand (4,1 %) est encore plus cruelle et achève de nous convaincre de notre piètre performance.

Plus fondamentalement, n'oublions pas que la baisse du chômage dans un pays ne résulte pas seulement du dynamisme de l'emploi, même s'il est vrai que notre économie a créé plus de 230 000 jobs dans le secteur marchand en dix-huit mois. Elle peut aussi provenir en partie d'un phénomène statistique dénommé « travailleur découragé ». Ce phénomène désigne le fait qu'un chômeur qui cesse de chercher activement un emploi – faute de perspectives – disparaît mécaniquement des statistiques du chômage : il ne fait plus partie de la population active (inoccupée) et bascule du côté des « inactifs », rejoignant… les étudiants et personnes à la retraite.

Or la probabilité qu'un chômeur renonce à chercher un emploi est d'autant plus forte que sa durée de chômage est longue : les chances de trouver un emploi diminuent en effet au cours du temps, compte tenu de la dépréciation des qualifications. La France se caractérise justement par un niveau élevé des personnes au chômage depuis plus d'un an : le taux de chômage « de longue durée » avoisine les 45 % dans notre pays, contre 33 % dans les pays de l'OCDE, 18 % aux Etats-Unis et en Suède.

Ce phénomène de « travailleur découragé » a deux conséquences paradoxales et importantes.

Tout d'abord, une situation dans laquelle le taux de chômage diminuerait sans que l'économie ne crée pour autant un seul emploi est tout à fait possible : il suffit que les chômeurs se retirent massivement du marché du travail pour se diriger vers l'assistanat, l'économie domestique – songeons à une femme au chômage qui décide de rester à la maison contre son gré, faute de trouver un poste – voire l'économie parallèle. Un gouvernement pourrait donc crier victoire dans sa lutte contre le chômage, sans avoir pour autant trouver un seul job aux anciens chômeurs.

Mais surtout, si l'activité économique repart et que les créations d'emplois sont à nouveau au rendez-vous, certains « travailleurs découragés » vont vouloir retenter leur chance et s'inscrire à nouveau à Pôle Emploi. On peut alors imaginer une situation assez paradoxale dans laquelle les créations d'emplois ne conduisent pas à une baisse marquée du chômage. Cette situation n'a rien de théorique : elle s'est déjà produite au début des années 2000… en France.

Marché du travail :
On dirait (un peu) le Sud

Alors que le gouvernement s'apprête à réformer le Code du travail, il n'est pas inutile de revenir sur quelques caractéristiques de notre marché du travail, qui ressemble à celui… des pays du sud de l'Europe.

Le premier point commun qui vient à l'esprit est le niveau élevé du chômage : avec un taux supérieur à 10 % – la moyenne de l'OCDE est de 7 % –, notre pays n'est pas très loin de l'Italie (12 %) ou du Portugal (11 %), sans atteindre les records espagnol (22 %) ou grec (25 %). Ce taux élevé est aussi persistant : au cours des dix dernières années, il n'est jamais passé sous la barre des 8 %. Comme au Portugal, en Grèce ou en Espagne, le chômage de masse constitue en France un phénomène durable et témoigne d'une certaine « préférence pour le chômage ».

Autre similitude : l'importance du chômage des jeunes, qui tutoie les 25 %. Nous sommes encore loin de la situation grecque ou espagnole (50 %), mais notre taux est largement au-dessus de la moyenne de l'OCDE (14 %) et contraste avec des pays comme l'Allemagne (7 %) ou le Royaume-Uni (15 %). Notre niveau du chômage des jeunes reflète les défaillances de notre système éducatif, tout comme une certaine préférence pour les situations acquises.

Mais la similitude la plus frappante concerne le « taux de chômage de longue durée », le pourcentage de chômeurs sans emploi depuis un an ou plus. Il touche principalement les pays du sud de l'Europe, le record étant détenu par la Grèce (73 %). La France n'est pas en reste, avec un taux de 42 %, au-dessus de la moyenne de l'OCDE (35 %) et proche de celui observé en Espagne, Portugal et Italie. Lorsque ce taux est faible, cela signifie que les chômeurs ne sont pas les mêmes d'une période sur l'autre : nous sommes alors sur un « marché de flux », avec des entrées fréquentes au chômage et des sorties rapides.

Le marché du travail s'adapte vite aux turbulences de l'économie et aux besoins des entreprises. Le licenciement est assez aisé, tout comme l'embauche. Ce marché du travail est celui des pays anglo-saxons : le chômage de longue durée y est de 23 % aux Etats-Unis, de 15 % au Canada. Ce marché est aussi celui des pays nordiques, qui ont réussi à allier flexibilité de l'emploi et protection des salariés. Au Danemark, le chômage de longue durée ne dépasse pas 25 % et descend même à 12 % en Norvège ; le chômage s'y apparente à un « mauvais passage » entre deux emplois.

A l'inverse, un fort chômage de longue durée signifie que les chances d'entrer au chômage sont certes plus faibles mais qu'une fois au chômage, les personnes ont peu de chances d'en sortir vite : nous sommes en présence d'un « marché de stock ». Pour le salarié, le chômage est vécu comme un drame : plus le temps passe, plus les chances de retrouver un emploi stable s'éloignent, tandis que les compétences se dégradent. Les ajustements aux besoins des entreprises et aux mutations de l'économie se font au travers de l'intérim ou des CDD.

Un taux de chômage élevé et persistant, dont il est difficile de sortir et qui touche les jeunes : voilà le sombre tableau du marché du travail en France et dans le sud de l'Europe. Et si la réforme du Code du travail était pour nous l'occasion de quitter le Sud pour ressembler demain à un pays du Nord, à défaut de devenir un pays nordique ?

Loi travail : La voie des intérêts particuliers

En 2016, une importante réforme du marché du travail - la loi El Khomri - visant à flexibiliser l'emploi a suscité de fortes réactions d'hostilité de la part des syndicats. A peine dévoilé, le projet de loi a aussitôt déclenché un tir de barrage nourri, une pétition à plus de 300 000 signatures appelant même la Ministre à « renoncer à ce projet ». Rien d'anormal à cela : dans une démocratie, il est logique que les opposants fassent entendre leur désaccord.

Le problème vient toutefois du fait qu'en matière de voix, on entend surtout celle des insiders, qui ont déjà un statut ou un emploi, plutôt que celle des outsiders. Des outsiders qui auraient pourtant tout à gagner d'une facilitation de l'embauche, et rien à perdre… puisqu'ils n'ont rien, si ce n'est un maigre CDD ou un faible revenu d'assistance. Au delà de la loi El Khomri, comment expliquer cette incapacité des bénéficiaires d'une réforme à se mobiliser et à faire entendre leurs intérêts ?

En premier lieu, les outsiders sont certes nombreux mais inorganisés : il n'existe par exemple pas de syndicat des chômeurs, alors même qu'ils sont 3,5 millions dans notre pays. Cette incapacité tient à un paradoxe bien connu en science politique : le « paradoxe de l'action collective ». Lorsqu'un groupe est nombreux, il lui est difficile de prendre son destin en main : en effet, chaque individu n'a aucun intérêt à se mobiliser puisqu'il peut bénéficier, sans rien faire, de l'effort de revendication des autres. Sauf que chacun se comportant de la même manière, personne ne bouge et le groupe reste à l'état virtuel. La seule solution pour sortir de cette « passivité rationnelle » consiste à professionnaliser la défense de ses intérêts, au travers notamment du lobbying ou de l'action syndicale. Mais encore faut-il en avoir les moyens.

En second lieu, les perdants d'une réforme sont toujours plus visibles que les gagnants : les pertes se manifestent à court terme et sont concentrées sur des groupes bien identifiés, tandis que les gains sont diffus, se révèlent à plus long terme et touchent des personnes qui n'ont pas toujours conscience d'en être les bénéficiaires. Prenons l'exemple du protectionnisme : comme vient de l'illustrer à nouveau l'affaire de l'acier chinois, syndicats et entreprises font cause commune pour dénoncer le « dumping » des producteurs étrangers et demander des mesures protectionnistes, au nom de l'emploi.

Qui portera toutefois dans le débat public la voix des perdants ? Personne, alors même que le protectionnisme fait aussi de nombreuses victimes anonymes. Ainsi, dans leur étude sur le secteur des pneumatiques, Hufbauer & Lowri (2012) montrent que les taxes douanières mises en place par Obama ont certes permis de sauvegarder 1 200 emplois dans le secteur, mais coûtent chaque année au contribuable américain la bagatelle de 900 000 dollars par emploi sauvé ; plus encore, la hausse du prix des pneus, conséquence logique des taxes à l'importation, a diminué le pouvoir d'achat des Américains, ce qui s'est traduit par la destruction de 3 731 emplois dans le commerce de détail. La facture finale pour l'économie américaine s'élève à 2 531 emplois… perdus. Qui s'en est soucié ?

Face à cette asymétrie des forces et des intérêts, le rôle de l'Etat et des décideurs politiques consiste précisément à s'abstraire de la tyrannie du court terme, à s'élever au-dessus des seuls intérêts des insiders pour entendre aussi la voix des sans voix, des générations futures et des entreprises à venir. Bref, de tous ceux qui n'ont pas les moyens ou la conscience de leurs propres intérêts.

Mon intérêt général

Les réformes audacieuses butent souvent dans notre pays sur le dogme du « gagnant-gagnant » : une réforme n'est acceptable qu'à partir du moment où elle satisfait l'ensemble des parties prenantes.

Disons-le tout net : une réforme dans laquelle tout le monde gagne n'est pas une réforme. Réformer consiste par principe à modifier les équilibres existants, à bousculer les situations acquises, dans le but de créer un nouvel équilibre plus favorable pour la collectivité. Les moins avantagés verront leur situation s'améliorer grâce à la réforme, tandis que les plus protégés seront moins bien lotis qu'avant. L'essentiel est que les bénéficiaires de la réforme gagnent plus que ceux qui y perdent. Ainsi, le projet initial de la loi El Khomri visait à faciliter les conditions d'embauche et de licenciement, pour le plus grand bénéfice des personnes éloignées du marché du travail – les 20 % de jeunes sans diplôme- mais en limitant en contrepartie la protection de ceux ayant accès à l'emploi.

Lorsqu'il engage une réforme, le décideur politique doit donc convaincre l'Opinion publique que l'intérêt général qu'il incarne ne se résume pas à la préservation des positions acquises. L'exercice s'avère délicat dans la mesure où les forces en présence sont asymétriques : les bénéficiaires de la réforme ne sont pas organisés et peinent à faire entendre leur voix ; de leur côté, les « insiders » sont prompts à se mobiliser, en invoquant au soutien de leur cause… l'intérêt général. S'ils agissent contre la réforme, nous disent-ils, ce n'est pas pour eux-mêmes mais pour le bien des autres, pour préserver des intérêts supérieurs, tels que le « modèle français », la sécurité, la qualité ou la santé publique. Par une sorte d'inversion des rôles, ils vont transformer la préservation de leurs intérêts particuliers en défense de l'intérêt général et parfois même… accuser les pouvoirs publics de promouvoir au travers de la réforme d'autres intérêts particuliers, que ce soit ceux du Medef, de la finance ou du droit anglo-saxon.

Difficile dans ces conditions pour le décideur politique de faire entendre sa voix, à moins d'expliciter clairement l'intérêt général qu'il entend promouvoir : au nom de qui et de quoi réforme-t-il ? l'Opinion publique doit pouvoir mettre un visage sur les bénéficiaires de la réforme : à cet égard, les réformes qui profitent à tous – songeons à des mesures en faveur du pouvoir d'achat – sont plus difficiles à défendre car leurs effets sont diffus. De même, les bénéfices de la réforme doivent être clairement énoncés et ne pas se résumer à des gains monétaires, dont le chiffrage sera aussitôt contesté.

A cet égard, il est plus judicieux de porter la réforme sur le terrain des valeurs. Par exemple, dans sa réforme du notariat, Emmanuel Macron a dès le départ placé son projet sous le signe de l'égalité des droits, rendant ainsi la critique plus délicate : en effet, au nom de quel principe supérieur devrait-on empêcher de jeunes notaires de s'installer librement, dès lors qu'ils remplissent les conditions de diplômes ?

Dans sa volonté réformatrice, le décideur politique ne doit jamais oublier de brandir l'étendard de l'intérêt général ; au risque sinon de laisser le champ libre à tous ceux qui l'utiliseront pour mieux défendre… leurs intérêts particuliers.

Free riders et outsiders

Selon un sondage réalisé en 2015, 54 % des Français estiment que les syndicats ne jouent pas « un rôle utile » et ce scepticisme apparaît marqué chez les jeunes. L'analyse économique apporte un éclairage intéressant sur cette singulière situation.

Le taux de syndicalisation reste faible en France : il touche 8 % de la population active, contre plus de 70 % dans les pays nordiques. Une partie de l'explication se trouve dans le célèbre « paradoxe de l'action collective » de Mancur Olson : le taux de couverture des salariés par les conventions collectives étant très élevé chez nous, pourquoi prendre la peine de se syndiquer si l'on peut bénéficier du résultat des négociations entre syndicat et patronat, sans en supporter les coûts ? D'un point de vue individuel, il vaut mieux adopter un comportement de « passage clandestin » (*free rider*), en laissant le soin à quelques uns, devenus de vrais professionnels du syndicalisme, de manifester et négocier en son nom. Mais cette passivité rationnelle des salariés alimente en retour une distanciation vis-à-vis de l'action syndicale.

Cette distanciation invite à s'interroger sur les objectifs poursuivis par les syndicats. Selon l'analyse traditionnelle, le syndicat aurait pour mission principale de négocier des hausses de salaires ou une amélioration des conditions de travail… pour ceux qui disposent déjà d'un emploi. Le syndicat représenterait donc d'abord l'intérêt des salariés en place – les « insiders » – et non celui de la totalité des travailleurs, et en particulier des personnes ayant un emploi précaire ou des chômeurs – les « outsiders ». Le taux de syndicalisation en France reste fortement corrélé à la stabilité de l'emploi : moins de 1 % des intérimaires et seulement 3 % des personnes en CDD, 6,5 % pour les CDI et même 15 % pour les titulaires de la fonction publique.

On pourrait objecter que les employeurs peuvent toujours contourner les syndicats et leurs revendications, en faisant appel à l'« armée de réserve » des outsiders. Mais c'est oublier que insiders et outsiders ne sont pas toujours interchangeables : il existe des coûts de rotation de la main d'oeuvre, que ce soit au niveau du recrutement (formation), du licenciement ou de la possible non coopération des insiders avec les nouvelles recrues. On peut même arriver à une situation paradoxale, dans laquelle les syndicats obtiennent des hausses de salaire pour ceux qui ont un emploi, alors même que le nombre d'outsiders augmente : ainsi, le salaire mensuel de base a progressé en France de 1,4 % en 2014 dans les entreprises de 10 salariés ou plus, dans un contexte marqué pourtant par la forte hausse du chômage.

Faut-il conclure de ces analyses que les syndicats exercent un effet indésirable sur le marché du travail ? Sûrement pas. Les études empiriques nous montrent que les pays dans lesquels le taux de syndicalisation est élevé disposent d'un dialogue social de qualité, avec un effet positif sur la productivité et la confiance des individus. En réalité, ce dont souffre la France, c'est plutôt d'un manque de représentativité syndicale.

Comment faire ? Mancur Olson nous fournit à nouveau une piste : chaque individu doit trouver un gain individuel à être syndiqué. Cela suppose en retour que chaque syndicat ait intérêt à augmenter le nombre de ses adhérents, ce qui n'est pas le cas aujourd'hui en France. En matière syndicale comme ailleurs, les incitations gouvernent les décisions des agents économiques et assurent le bon fonctionnement des institutions.

Les vrais coûts d'une grève

Alors qu'Air France connaît en 2018 un long mouvement de grève, il n'est pas sans intérêt de lister les coûts qu'un tel évènement occasionne pour une compagnie aérienne.

Selon une approche optimiste, une grève s'apparente à un simple choc transitoire sur les finances de l'entreprise : il s'agit d'un « bruit blanc » – à l'image d'un accident – qui disparaît une fois que l'activité a retrouvé son cours normal. Dans le cas d'une grève, ce choc se décompose en plusieurs éléments. Certains clients vont être transférés sur un autre vol : ces reports viennent prendre des places de dernière minute, qui auraient pu être vendues très chères. Ceux qui n'ont pu être transférés peuvent demander, outre le remboursement de leur billet, une indemnité, qui peut atteindre jusqu'à 600 euros en Europe pour un vol long-courrier. D'autres clients choisiront d'annuler leur voyage : ils devront être remboursés. N'oublions pas aussi que si le client doit attendre un autre vol, la compagnie a l'obligation de prendre en charge une partie de ses frais. On peut aussi imaginer que la compagnie recourt à de l'affrètement pour que le client puisse effectuer son voyage. Bref, si l'impact financier est transitoire, l'addition peut se révéler salée : selon les estimations de la direction d'Air France, elle atteindrait 25 millions d'euros par jour de grève.

Mais cette approche conjoncturelle ne tient pas compte de l'impact durable d'une grève sur la rentabilité d'une entreprise. En interne, une grève affecte la productivité future : durant les grèves, l'ensemble des équipes (escales, programme, commercial, etc...) est mobilisé sur la résolution des problèmes du moment, au détriment de la préparation de l'avenir. Par exemple, pour les équipes de « revenu management », une grève perturbe le processus de prévision, puisque l'historique (prix, taux de remplissage, etc...) est faussé par l'effet du mouvement social.

Du côté des clients, un effet de halo négatif peut apparaître, s'ils considèrent que la grève n'est pas un évènement rarissime mais une composante régulière de la vie de la compagnie. Craignant d'être « cloués au sol » demain par un mouvement social, ils vont réserver ailleurs, à l'image de ce qui a pu se passer pour la SNCM dans le transport maritime. Il en résultera une perte durable de chiffre d'affaires, soit par baisse de la demande, soit parce que la compagnie sera obligée demain de baisser ses prix pour compenser ce risque.

L'impact sur la réputation peut être particulièrement fort pour une compagnie porte drapeau comme Air France : la clientèle étrangère, en visite ou de passage en France, « teste » la compagnie du pays, notamment sur le long courrier, activité stratégique pour la marque. En cas de grève, des clients pourtant fidèles à la compagnie vont avoir la tentation – ou l'obligation, faute de vol – de tester les concurrents, avec le risque de ne plus revenir demain. Ce risque est particulièrement grand dans l'aérien, marqué par une redoutable concurrence – *low cost*, intermodale, des compagnies du Golfe ou asiatiques – sur tous les segments du marché. La grève est l'alliée involontaire mais objectif des concurrents d'Air France : le slogan « *France is in the air* » pourrait bien devenir demain celui de… Lufthansa, Turkish ou easyJet, en pleine offensive sur le marché français.

C'est qui le patron ?

Dans un pays qui entretient un rapport compliqué à l'argent, le « patron » incarne la figure du « riche », le cigare aux lèvres et des euros pleins les poches. Ce raccourci contient une certaine part de vérité : la rémunération des dirigeants du CAC40 a atteint en moyenne 2,3 millions d'euros en 2015, hors stock-options. Elle s'affiche même en hausse de 4 %, avec de fortes disparités, le « patron » le mieux payé ayant touché près de 4 millions d'euros, soit… 300 fois le smic annuel net.

Notons toutefois que ces grands « patrons » n'ont pas le monopole de la richesse rapide : certains footballeurs ou artistes gagnent autant sinon plus, sans que personne ne trouve à y redire. On nous objectera que la rémunération d'un artiste s'explique par la rareté des talents, comme l'a montré Sherwin Rosen avec son « effet superstar » : un petit différentiel de performance peut conduire à un énorme écart de rémunération entre le numéro 1 et les autres. En effet, une somme de joueurs de bon niveau ne remplacera jamais le génie d'un Lionel Messi.

Peut-on exclure par principe que ce raisonnement soit transposable au monde de l'entreprise ? Certains patrons charismatiques sont sans doute plus compétents que d'autres pour emporter une entreprise sur le chemin de la rentabilité ou de la croissance. Leur rémunération devrait alors être indexée sur leur seule performance : si l'entreprise se redresse ou prospère, ils empochent un gros chèque ; s'ils échouent, ils doivent partir… les poches vides.

Mais le plus problématique est ailleurs : si le « patron » désigne toute personne qui dirige une entreprise, l'image du riche patron en prend un coup. En effet, sur les 3,4 millions d'entreprises que compte notre pays, 1,3 million n'a aucun salarié et dégage une valeur ajoutée médiane de

15 000 euros par an. En clair, 650 000 patrons parviennent à gagner… le smic. Le patron prend ici le visage du petit exploitant agricole, du chauffeur Uber, du boulanger qui travaillent dur et peinent à boucler les fins de mois. Si l'on se tourne maintenant du côté des 136 000 PME, les rémunérations moyennes sont de l'ordre de 65 000 euros selon l'Insee, avec une disparité en fonction de la taille de l'entreprise et du secteur d'activité. 65 000 euros, c'est certes plus de deux fois le salaire moyen des Français, mais cela n'a rien d'extraordinaire, si l'on tient compte du temps de travail, des responsabilités et risques pris.

Mais le patron, c'est aussi aujourd'hui le visage de ces milliers de jeunes diplômés, qui font le choix de lancer leur start-up plutôt que d'entrer dans une entreprise… du CAC40. Des jeunes qui bien souvent ne se payent pas les premières années, vivant de bric et de broc ou sur leurs économies. Des patrons en herbe, qui changeront peut-être demain, sinon la face du monde, du moins la vie quotidienne des Français, en lançant des produits et services innovants. Des patrons qui croient à l'impossible, cassent les codes, bousculent l'ordre économique établi, au point parfois de passer pour des… marginaux au sein de l'establishment patronal. L'économiste Joseph Schumpeter leur avait donné un nom : les entrepreneurs. Et si c'étaient eux, les vrais révolutionnaires ?

Concurrences est une revue trimestrielle dédiée au droit et à l'économie de la concurrence. Créée en 2004, la revue est un forum de discussions entre universitaires, magistrats et praticiens du droit et de l'écnomie de la concurrence. Son rayonnement en dehors du champ des spécialistes est tel que plusieurs personnalités publiques de premier plan ont publié des points de vue dans ses colonnes : Jacques Attali, Elie Cohen, François Hollande, Christine Lagarde, Emmanuel Macron, Nicolas Sarkozy… La revue est complétée par un bulletin d'actualité (e-Competitions), des conférences (environ 50 par an dans 6 capitales) et une vingtaine de titre d'ouvrages.

15 ANS D'ARCHIVES - 23 000 ARTICLES
4 BASES DE DONNÉES

Revue Concurrences

- Accès au dernier numéro et aux archives
- 10 000 articles de 2004 jusqu'à aujourd'hui
- Doctrine et jurisprudence française et européenne

Bulletin e-Competitions

- Accès au dernier numéro et aux archives
- 13 000 commentaires d'arrêts de 1911 jusqu'à aujourd'hui
- Jurisprudence de 55 pays

Conférences

- Accès à la documentation de tous les évènements Concurrences
- 215 conférences (Paris, Bruxelles, Londres, New York, Washington, Hong Kong)
- 300 présentations PowerPoint, actes ou synthèses
- 450 vidéos
- Verbatim (en cours)

Livres

- 20 titres disponibles
- 6 à paraître